SAVINIAN

ÉLÉMENTS

DE

GRAMMAIRE PROVENÇALE

AVEC INNOVATIONS ESSENTIELLES

POUVANT S'APPLIQUER AU FRANÇAIS

ET A TOUTES LES LANGUES

SECONDE ÉDITION

Personne ne connaît bien
sa langue sans l'étudier
au moyen d'une autre.

AVIGNON

J. ROUMANILLE, Libraire-Editeur

19, Rue Saint-Agricol

— 1917 —

PREFACE

Cet abrégé de la Grammaire Provençale est suffisant pour apprendre les règles de la langue en se servant des notions grammaticales acquises par l'étude du français.

On trouvera dans cette nouvelle édition des modifications importantes et très avantageuses pour les deux langues : *Locutions dans toutes les parties du discours. — Détermination exacte des deux séries d'adjectifs et de pronoms déterminatifs. — Conjugaison unique très rapprochée. — Conjonction illative, etc...*

— Méthode de lecture, exposée avec l'ordre le plus logique des éléments.

— Analyse des propositions par l'étude de la nature, et non par les relations, établissant ainsi une méthode plus rapide, plus sûre et d'une incomparable clarté.

Au lieu de la division en *lexicologie* et *syntaxe*, toujours un peu obscure, surtout pour les jeunes élèves, il est préférable de diviser la Grammaire en trois parties : I. LES MOTS. II. LA PROPOSITION, comprenant l'accord, le complément, la place des mots et leur emploi particulier. III. LA PHRASE ou PROPOSITION COMPOSÉE avec construction des propositions pour former un texte correct et complet.

L'expérience de l'étude des langues a démontré qu'il fallait s'attacher surtout : 1° à la connaissance du vocabulaire usuel ; 2° à la conjugaison, sous les formes positive, négative, interrogative, négative-interrogative et exclamative d'un même verbe ou de verbes différents ; 3° à l'accord des mots entr'eux ; 4° à leurs compléments ; et 5° à la place donnée à chacune des parties de la proposition.

Plus on s'exercera dans ce sens à l'étude grammaticale du provençal, comme de toute autre langue, plus tôt on arrivera, et plus sûrement, à la possession de la langue, écrite ou parlée.

La langue félibréenne et l'œuvre de Frédéric Mistral ne laissent point indifférent tout habitant du Midi. On ne saurait, sans un grave préjudice, habiter un pays dont on ignorerait la langue.

Quant à l'intérêt administratif, agricole, industriel et commercial, il ira croissant avec l'essor du provençal, à tel point que chacun voudra savoir le parler et l'écrire dans notre Midi, voisin de l'Italie, de l'Espagne et du Portugal où le provençal a de puissantes affinités.

PREMIÈRE PARTIE

LES MOTS

Nature, Espèces, Prononciation

Formation, Genre, Nombre

ÉLÉMENTS DE GRAMMAIRE PROVENÇALE

PREMIÈRE PARTIE

LES MOTS PRONONCÉS

Sons purs.

1. Les *sons purs* figurés dans la gamme voca-
lique descendante

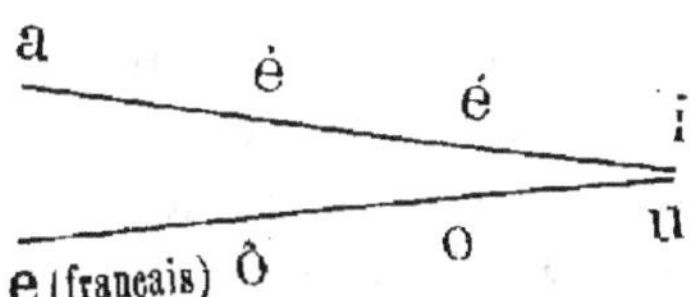

sont a, è, é, i, qu'on pourrait appeler voyelles pa-
latales, et e, ô, o, u, voyelles labiales.

a ouvert est prononcé comme *a* français dans *la* :
    cat, chat.

a fermé est prononcé comme *a* français dans
    paru : *aleto*, ailette.

è ouvert est prononcé comme *è* français dans *sève* :
    bè, bec.

é fermé tonique est prononcé comme *é* français
dans *blé* : *estré*, étroit.

i ouvert tonique est prononcé comme *i* français
dans *cri* : *espeli*, éclos.

i fermé atone est prononcé comme *i* français dans
habileté : *limoun*, citron.

o ouvert est prononcé comme *o* français dans *lot*:
to, tronc.

o fermé est prononcé comme *o* français dans *ro-
sace*, dans la diphtongue *óu* prononcée *óou*.

ou est prononcé comme *ou* français dans *clóu* :
coutelou, mauviette.

ue a la prononciation rapide de l'*u* et de l'*e* fermé:
niue, nuit.

2. Ces deux derniers sons, appelés composés,
pourraient être considérés comme les diphtongues
de l'*o* et de l'*u*, de l'*u* et de l'*e*.

Sons nasaux.

3. *An* est prononcé comme *an* français dans
cran : *pan*, pain.

en est prononcé comme *en* français dans *rien* :
partènço, départ.

en garde le son alphabétique de *é* : *fen*, foin.

in garde le son alphabétique de *i* : *sin*, nœud.

on est prononcé comme *on* français dans *saison* :
museon, musée.

on à la finale des verbes est prononcé comme
oun faible : *canton*, ils chantent ; *flourisson*,
ils fleurissent ; *perdon*, ils perdent.

oun tonique garde le son fort de *oun* : *pourtis-
soun* guichet.

un garde le son alphabétique de *u* : *frescun*,
fraîcheur.

Diphtongues voyelles, croissantes.

4.
ia	*rediable*	tisonnier
iò	*fièro*	fière
ié	*lausié*	laurier
ie	*fiero*	foire
iò	*fiò*	feu
io	*auriolo*	centaurée.
iue	*piue*	pic

Diphtongues décroissantes.

5.
ai	*tai*	tranchant
au	*brau*	taureau
èi	*rèi*	roi
ei	*crei*	il croit
èu	*pèu*	peau
éu	*béu*	il boit
oi	*camboi*	cambouis
uei	*vuei*	aujourd'hui

Triphtongues.

6.
iai	*biais*	biais
iau	*uiau*	éclair
ièi	*pièi*	puis
iéu	*biéu*	trompe
iòu	*biòu*	bœuf
ióu	*vióuleto*	violette
iue	*iue*	œil
oué	*oueh !*	hé !
oue	*voueseto*	petite voix
oui	*bouis*	buis

REMARQUE I.– Dans les diphtongues et les triph-tongues, *u* a le son de *ou* après les voyelles *a*, *e*, *o*.

REMARQUE II. — Les voyelles dominantes sont *a*, *è*, *é*, *ó*, *ò*, *ue* et les voyelles faibles, *i*, *u*.

Articulations.

7. Il y a seize articulations simples qu'on trouve dans les initiales des mots suivants : *bèu*, beau ; *calandro*, alouette ; *cigalo*, cigale ; *déute*, dette ; *fen*, foin ; *gau*, joie; *juvert*, persil ; *kiue*, cuit ; *lus*, lumière ; *mar*, mer ; *niéu*, nuage ; *perdigau*, perdreau ; *quitran*, goudron ; *rèire*, ancêtre ; *si*, oui; *tavan*, hanneton; *veto*, bandelette ; *zarino*, csarine ; et une composée qu'on prononce en approchant le bout de la langue du milieu, en haut, des dents, et en articulant *ts* pour *ch* et *dz* pour *g*, *j* : *chato*, jeune fille ; *gemi*, gémir. *H* au commencement des mots n'est pas employée, excepté dans les interjections où elle est aspirée : *hou ! ho !* A l'intérieur des mots, *h* marque la séparation de deux voyelles : *biha*, serrer.

Sons articulés.

8. *Alabreno*, salamandre, *citro*, citrouille.

Diphtongues consonnes.

9.

cl	*gl*	*fl*	*vl*	*pl*	*bl*	*tl*	
cr	*gr*	*fr*	*vr*	*pr*	*br*	*tr*	*dr*

Blàsi	Blaise	*braso*	braise
cledo	claie	*cracina*	craquer
		drihanço	jubilation
flateja	flatter	*frest*	faîte
glena	glaner	*grame*	chiendent
Atlantido	Atlantide	*trepa*	trépigner
plòu	il pleut	*proun*	assez

10. *Gn*. La consonne *n* est dite mouillée quand elle est précédée de *g* et mise devant une voyelle : *castagnaredo*, chàtaigneraie.

Classifications des articulations.

	EXPLOSIVES		CONTINUES		LIQUIDES	NASALES
	fortes	douces	fortes	douces		
LABIALES	p	b				m
LABIO-DENTALES			f	v		
LINGUO-DENTALES	t	d	sifflantes s	z	l, r	n
LINGUO-PALATALES	k c dur qu	g	chuintantes ch	g, j		
LINGUO-DENTO-PALATALES					l * mouillées	n
LARYNGALE			h aspirée*			

* N'existe pas en provençal.

LES MOTS ÉCRITS

11. L'alphabet provençal est composé de vingt-trois lettres, cinq voyelles et dix-huit consonnes ;

Aa, Bb, Cc, Dd, Ee, Ff, Gg, Hh, Ii, Jj, Kk, Ll, Mm, Nn, Oo, Pp, Qq, Rr, Ss, Tt, Uu, Vv, Zz.

X, W, Y n'existent pas en provençal ; on ne s'en sert que pour écrire des mots étrangers : Xérès, Wackefield, Yokohoma.

12. Les lettres sont nommées *a, bé, cé, dé, é, èfe* (masculin) ou *éfo* (féminin), *gé, ache* ou *acho, i, ji, ka, èle* ou *èlo, ème* ou *èmo, ène* ou *èno, o, pé, cu, erre* ou *erro, èsse* ou *èsso, té, u, vé, izèdo.*

13. On lit le provençal, comme le français et les autres langues, en assemblant les voyelles et les consonnes pour former les syllabes des mots et leurs liaisons : c'est la règle générale de lecture. Il y a, en français, trois règles particulières ou modifications se rapportant aux diphtongues, aux équivalences et aux lettres muettes : mais le provençal n'admet guère les équivalences voyelles ou consonnes, ni les voyelles muettes, et il prononce toutes les lettres, excepté b, d, t, à la finale. La lecture en est ainsi de beaucoup simplifiée.

Des voyelles.

14. L'*a* de *ai*, qui porte l'accent tonique dans les noms, se change en *e* atone aux dérivés : *fraire,* frère ; *freiresso,* fraternité.

15. L'*a* prend un accent grave devant la syllabe finale de l'*i* faible : *pàli,* dais.

16. L'*a* de la diphtongue *ai* dans les verbes à un mode personnel est changé en *e* à l'infinitif : *laisso,* laisse ; *leissa,* laisser.

17. L'*e* ouvert peut être représenté par *è* : *bèto*, bateau plat de pêche, ou *e* devant *h*, *ll*, *rr* et *r* suivis d'une consonne : *bèh* ! pouah ! *canestello*, corbeille, *guerro*, guerre, *serp*, serpent.

18. L'*e* est fermé à la tonique terminant un mot : *destré*, pressoir, quelquefois à la pénultième ; il prend alors l'accent aigu qu'il ne conserve pas dans le corps du mot : *vela*, voiler ; et devant *ss*, *st*, *sp* : *alegresso*, allégresse, *estivau*, houseaux, *pestela*, fermer à clef, *esperoun*, éperon.

19. L'*e* fermé atone, à la finale, n'a qu'une prononciation faible ; mais il n'est pas nul pour la prononciation comme l'*e* muet français : *aspre*, àpre.

20. *E* est presque toujours fermé :
1° Dans les monosyllabes : *dre*, droit.
2° Dans la pénultième des terminaisons : *egro*, *enco*, *engo*, *enjo*, *eno*, *ero*, *esco*, *esso*, *eto*, *eune*, *eure* : *negro*, noire ; *unenco*, unième ; *lengo*, langue ; *lausenjo*, louange ; *peno*, peine ; *sero*, draine ; *pesco*, pêche ; *tigresso*, tigresse ; *pouleto*, poulette ; *ciéune*, cygne : *béure*, boire.

21. *E* est ordinairement ouvert devant les consonnes *br*, *ll*, *mbl*, *mp*, *nc*, *ndr*, *nr*, *rr*, *rs*, *st*, *str*, précédant la voyelle finale atone ou plusieurs consonnes à la terminaison : *lèbre*, lièvre ; *escudello*, écuelle ; *sèmblo*, semble ; *souvenènço*, souvenance ; *rèndre*, rendre ; *gènre*, genre ; *ferre*, fer ; *erso*, vague ; *verd*, vert ; *celèsto*, céleste; *fenèstro*, fenêtre ; *arrèst*, arrêt ; il correspond à l'*a* français des verbes de la 1re conjugaison à l'imparfait du subjonctif : *que tapèsson*, qu'ils bouchassent.

22. Il est aussi ouvert :
1° Dans quelques monosyllabes et à la fin des

mots, quand il est suivi de *ms* ou de *r*, *rp*, *rs*, *rt* : *tè*, tiens ; *tous-tèms*, en tout temps ; *infèr*, enfer ; *serp*, serpent ; *pers*, pers ; *limbert*, lézard vert.

2° Dans les terminaisons *ènt* des adjectifs et des participes présents des verbes en *i* et en *e* : *ardènt*, ardent ; *clafissènt*, remplissant ; *defendènt*, défendant.

3° Dans la pénultième des verbes terminés par l'atone, au présent de l'indicatif : *rèndon*, ils rendent ; au passé défini : *cavèron*, ils creusèrent ; ainsi qu'au présent et à l'imparfait du subjonctif : *que mantèngon*, qu'ils maintiennent ; *que durèsson*, qu'ils durassent.

23. *E* est atone à la finale des verbes de la 1ʳᵉ personne et de la 2ᵉ personne du singulier : *trene*, je tresse, *pènses*, tu penses.

24. *I* est tonique dans les monosyllabes : *li*, les, *si*, ses ; et à la pénultième : *fìni plumo*, fines plumes ; *files*, tu files ; il devient atone à la fin de quelques noms et des adjectifs qualificatifs ou déterminatifs : *gàbi*, cage ; *poulìdi pruno*, jolies prunes ; *aquéli*, ces ; il ne l'est jamais dans les infinitifs, ni dans les participes passés en i final : *passi*, flétrir ; *espandi*, épanoui.

Remarque. — En tenant compte de ce qui précède, on aurait pu éviter de mettre une foule d'accents graves sur la pénultième tonique des adjectifs ; la tonique de ces mots avec l'*i* atone, étant suffisamment désignée par leur nature, tandis que l'*i* final de tout verbe à l'infinitif ou au participe passé est tonique.

25. La voyelle simple ou la diphtongue, qui précède la syllabe de l'*i* atone à la terminaison, prend

un accent grave ou aigu, selon que les voyelles
sont ouvertes ou fermées : *àrri* ! interjection pour
exciter les bêtes de somme ; *quàuquis* arcèlli,
quelques *vénus* (coquillage) ; *aquésti*, ceux-ci,
éli, eux, *tóuti*, tous.

26. L'*i* à la finale a une prononciation faible,
s'il est précédé d'une syllabe accentuée : *tèti*, ni-
che.

27. *O* dans la diphtongue *ou* prend un accent
grave, s'il est ouvert : *dòu*, deuil ; un accent aigu,
s'il est fermé : *póusso*, poussière.

28. *O* atone à la finale des mots est prononcé
faiblement : *fardo*, bourrée ; dans les monosyllabes, il est ouvert.

REMARQUE. — Ces particularités de la combi-
naison des toniques à la pénultième et des finales
faibles *e, i, o* sont encore une des richesses pho-
nétiques du provençal.

29. *O* est ouvert : 1° dans les monosyllabes :
tros, morceau ; 2° devant un *i* : *galoi*, joyeux ;
3° à la fin des polysyllabes, s'il est suivi d'une ou
de plusieurs consonnes : *estrambord*, enthousiasme ; 4° à la pénultième accentuée : *roco*, ro-
chè.

30. *O* ouvert est représenté par *o* ou *ò*, dans
les monosyllabes, devant une consonne et à la fin
des mots : *to*, tronc, *code*, caillou, *eisserò*, siroco.

31. *U* après *a, é, è, ò, ó*, a la prononciation latine *ou* : *balau*, fagot de ramée ; *castèu*, château ;
éu, lui ; *iòu*, œuf ; *óulivié*, olivier.

32. *U* devant la syllabe de l'*i* atone prend un
accent grave pour marquer la tonique : *ùni*, uns.

Des consonnes.

33. *C* équivaut à *k* devant *a, o, u* et à *s* devant *e, i* : ***cava***, creuser ; ***cor***, cœur ; ***curun***, vase retirée d'un puits ; ***cepa***, émonder ; ***cicourèio***, chicorée.

34. *C* prend une cédille, quand on lui donne la valeur *s* devant *a* et *o* : *esfaça*, effacer ; ***eiçò***, ceci.

35. *G* précédant *a. o, u* est dur : ***gàmbi***, devers ; ***got***, gobelet ; ***gu***, gueux ; devant *e, i*, il égale *dz* : ***gèu***, glace ; ***gingoula***, glapir.

36. *H* initiale n'est employée qu'avec les interjections : ***houi !*** ouf ! ; dans le corps des mots, elle sépare deux voyelles : *ahissènço*, haine ; - *h* muette correspond dans ce cas aux *ll* mouillées du français : *triho*, treille.

37. *K* est très peu usité : ***karabé***, succin, ***kepi***, képi.

38 *L* est double comme dans les terminaisons françaises : *bloundinello*, d'un blond agréable ; et simple dans des mots dérivés du latin ou du bas-latin : *crudèlo* (*crudelis*), cruelle ; *candèlo* (*candela*), chandelle.

39. *M* est employée devant *b* ou *p* : ***embana***, encorné ; *emparaula*, disert ; dans le préfixe *in*, *m* n'est jamais substituée à *n* : *inmudable*, immuable.

40. *N* peut être doublée : 1° dans un mot dérivé : ***annado***, année ; 2° quand l'une de ces consonnes appartient à la particule *in* du latin, et que l'autre est l'initiale du mot racine : *in-*

noucentoun, petit innocent ; 3° entre deux voyelles, l'une initiale et l'autre finale : *inne*, hymne.

41. *N* est aussi euphonique : *à - n - un*, à un.

42. *Q* est toujours suivi de *u*, non prononcé
dans certains mots : *quouro*, lorsque; et qui quelquefois équivaut à *ou* : *equacioun*, équation.

43. *R* entre deux voyelles, a l'articulation douce:
aro, maintenant ; *r* double ou placée devant une
consonne est roulée : *marrèu*, segment ; *marte-
galado*, naïveté.

44. *S* a deux articulations, l'une douce, entre deux voyelles: *èso*, espèce de corsage ; l'autre
forte, au commencement des mots et quand elle
est redoublée ou suivie d'une autre consonne :
souquihoun, scion ; *amaresso*, amertume ; *escambarla*, enjamber.

45. *T* n'a jamais l'équivalence *s* du français ; le
provençal le remplace alors par *c* : *discrecioun*,
discrétion.

46. *X* du latin a été remplacé par *ss* : *massimo*,
maxime, ou par *i* : *eicelènt*, excellent.

47. *Y* n'est employé que dans des mots étrangers : *York*, ville d'Angleterre, *wisky*, eau-de-
vie de grains.

48. *Z* se place au commencement des mots :
zambougnaire, joueur de cornemuse; ou dans le
corps : *Estezargue*, Estezargue ; *rounzas*, hal-
r. Il est quelquefois euphonique : *à-z-Ais*, à
Aix ; jamais il ne figure à la fin d'un mot.

49. *W* n'est usité que dans les mots étrangers:
akefield, nom propre de lieu anglais.

Syllabes.

50. On distingue la *Syllabe pure*, où la voyelle est isolée : *a*, a ; la syllabe *directe*, commençant par une consonne: *li*, les ; la syllabe *inverse* commençant par une voyelle : *ur*, heur ; la syllabe *close* qui comprend une voyelle entre deux consonnes : *lus*, lumière.

51. Une syllabe finale est *atone*, quand elle se termine par *e, i, o*, faiblement prononcés, ou par la nasale *on* dans les verbes : *éuse*, yeuse ; *aràbi*, arabe ; *favo*, fève ; *daiavon*, ils fauchaient.

52. On a le *monosyllabe* : *su*, sommet de la tête et les *polysyllabes* : *caban*, burnous (*dissyllabe*) ; *lignoto*, linotte (*trissyllabe*).

Mots.

53. Les **mots** sont formés d'une ou de plusieurs syllabes.

54. Le **mot simple** n'a qu'un mot, racine ou lien : *ciéucle*, cercle ; *di*, des ; le **mot composé** renferme, avec la racine, au moins un préfixe ou un suffixe : *mesfisa*, méfier ; quelquefois, l'un et l'autre: *marino*, marine; *enciéuclamen*, encerclement.

55. Mot primitif : *bano*, corne ; **mot dérivé** : *baneja*, paraître avec ses cornes.

56. Sens propre ou sens de la signification concrète : *bèuta de la flour*, beauté de la fleur ; **Sens figuré** : *bèuta de la vertu*, beauté de la vertu ; **Sens par extension** : *bèuta de la sinfòni*, beauté de la symphonie.

57. Synonyme : *brihant, courous*, brillant. **Homonyme, homographe** : *caio*, la caille ; *caio*, il caille ; *car*, chair ; *car*, cher.

58. Paronyme : *aplana*, aplanir ; *emplana*, mettre dans la plaine.

59. Antonyme : *aubo*, aurore ; *calabrun*, crépuscule ; *bonur*, bonheur ; *malur*, malheur ; *mèu*, miel ; *fèu*, fiel. **Onomatopée** : *din-delin*, tintin.

60. Les **ellipses** et **pléonasmes** sont usités comme en français.

61. Les **provençalismes** sont des tournures françaises particulières à la langue provençale : *Siéu esta bèn mai que mai*, j'ai été extrêmement bien.

62. Les **gallicismes** sont des expressions provençales défectueuses, irrégulièrement empruntées au français : *pèro e mèro*, père et mère ; *un afaire*, une affaire ; *a de fèn dins si boto*, il a du foin dans ses bottes

Accent tonique.

63. Il porte généralement sur la dernière syllabe des mots, excepté dans ceux qui sont terminés par *e*, *i*, *o* faibles : alors il est sur l'avant-dernière : *Camp-Cabèu*, nom de localité ; *erme*, stérile ; *sàvi*, sage ; *targo*, joute ; *saladello*, statice.

Quantité.

64. *Syllabes longues :*

1º Elles précèdent immédiatement les syllabes finales terminées par l'*e*, l'*i* et l'*o* faibles.

2º Elles sont nasales dans le corps ou à la fin des mots : *campaneto*, clochette ; *pimparin*, mésange bleue ; *pountanado*, période.

3º Elles comprennent la voyelle avec l's à la finale, suivie quelquefois d'une autre consonne :

souleias, soleil ardent ; *souspres*. surpris ; *tarabast*, crécelle.

65. *Syllabes brèves* :

1° Celles qui sont formées avec les atones *a*, *au*, *e*, *éu*, *i*, *o*, *ou*, *u*, et toutes les terminaisons en *on* de la 3ᵉ personne du pluriel, les verbes : *galino*, poule ; **aubrespin**, aubépine ; *belugo*, étincelle ; *téulisso*, toiture ; *se frounsiran*, ils ou elles se rideront ; *estuba*, enfumer ; **ayouloupavon**, ils enveloppaient.

2° Celles qui se terminent par une *r* ou une *s* précédant *b* ou *t* : *erboura*, herbier ; **estihoun**, esturgeon.

3° Celles qui ont une consonne qui se double avant la pénultième : **pessuga**, pincer.

Signes orthographiques.

66. L'accent aigu (′) est mis :

1° Sur l'*e* de la finale tonique : *gai-sabé*, gai-savoir ; *falabreguié*, micocoulier.

2° Sur l'*o* fermé de la diphtongue *ou* : *óuliveto*, champ d'oliviers.

67. L'accent grave (‵) est mis sur l'*e* et l'*o* ouvert pour les distinguer des *e* et *o* fermés ou faibles, à la fin des mots : *Angèlo*, Angèle ; *esquiriòu*, écureuil.

68. L'*e* fermé en provençal ne prend pas l'accent aigu, excepté à la pénultième tonique des adjectifs déterminatifs terminés par *i* : *aquéli*, ceux-là ; on met quelquefois l'accent grave quand l'*e* est ouvert : *bèlli Sànti Marìo*, belles Saintes Maries ; de même pour l'*a* et l'*i*, son pur ou nasal : *pàti*, pâturage ; *lìndi font*, limpides fontaines.

69 *L'apostrophe* ('), la *cédille*(ͺ), le *tréma*(¨), le *trait-d'union* (-) sont généralement employés en provençal comme en français.

70. L'accent grave de l'*i* marque la séparation de la prononciation de cette voyelle d'avec celle de l'*o*: *armounìo*, harmonie, pour éviter la diphtongue.

71. Il n'y a pas d'accent circonflexe dans le provençal, parce qu'il conserve la lettre supprimée dans le français et remplacée par cet accent : *pasto*, pâte ; *festeja*, fêter.

72. L'accent et la quantité donnent à la prosodie provençale une valeur propre, qui, ajoutée à celle des diphtongues et triphtongues, la rendent particulièrement expressive.

Proposition et phrase composée.

73. La proposition et la phrase composée de propositions ainsi que le discours ont des généralités de formation qui se rapprochent de celles du français et des autres langues néo-romanes.

REMARQUE. – Ces langues sont : le provençal, le français, l'italien, l'espagnol, le portugais, le ladin et le roumain. Elles forment la caractéristique de l'alliance des nations de race latine et en deviennent un puissant élément.

Parties du discours et formes des mots.

74. Les parties du discours sont :

Mots variables : Le **nom**, l'**adjectif**, le **pronom**, le **verbe**.

Mots invariables : L'**adverbe**, la **préposition**, la **conjonction** et l'**interjection**.

75. La division généralement adoptée est arbitraire.

Il n'y a essentiellement que des parties désignant:

1° Les *êtres, noms* et *prénoms.*

2° Leurs *qualités* ou leur *détermination, adjectifs.*

3° Leur *état* ou leurs *actes, verbes.*

1° Leurs *modifications, adverbes*, et leurs *rapports* dans la proposition, *préposition*, ou dans la phrase composée de propositions simples, *conjonction.*

76. Quant à l'*interjection*, c'est une partie qui peut être isolée et constituer comme une langue réduite. Elle contient, dans leurs éléments les plus simples, le nom, l'adjectif. le verbe et l'adverbe pour exprimer une émotion avec plus de vivacité.

LECTURE PHONIQUE.

77. La lecture phonique est l'expression verbale ou mentale de ce qui est signifié par des caractères écrits.

Règle Générale.

78. Pour lire, on assemble les voyelles et les consonnes dans l'ordre direct et l'ordre indirect.

Modifications de la règle de lecture.

79. I. Assemblage des consonnes avec les diphtongues-voyelles.

Assemblage des diphtongues-consonnes avec les voyelles.

II. Equivalences des voyelles.
Equivalences des consonnes.

III. Lettres muettes voyelles.
Lettres muettes consonnes.

(Voir l'exposé succinct de cette méthode dans « Lectures ou versions provençales-françaises » Cours préparatoire et élémentaire.)

On lit le provençal à peu près comme le français, mais toutes les lettres sont prononcées, excepté *t* et *d* à la fin des mots.

REMARQUES SUR LES VOYELLES :

1° *E* (é), *i*, *u* gardent le son alphabétique dans les nasales : *enfant*, enfant ; *moulin*, moulin ; *un*, **un**.

2° *U* prend le son *(ou)* après les voyelles *a*, *è*, *é*, *ó*, *ò* : *oustau* (*au* diphtongue de *a-ou*), maison ; *bèu* (è ou), beau ; *béu* (é-ou), il boit ; *dòu* (ò-ou), deuil ; *dóu* (ó-ou), du.

3° L'*i* et l'*o* peuvent être forts comme dans : *pali*, pâlir ; *ro*, rocher. Ils deviennent faibles, quand ils sont précédés d'un e fermé ou d'une voyelle accentuée dans la pénultième : *pàli*, dais ; *amelo*, amande ; *cièri*, cirque.

REMARQUES SUR LES CONSONNES :

1° Elles sont prononcées comme en français. Il n'y a d'exception que pour *ch* (articulation entre *tch* et *ts*): **chato**, jeune fille, et *j* ainsi que *g* qu'on prononce *dj* devant *e*, *i*: *abihage*, vêtement ; **jita**, jeter.

2° Ces remarques suffisent pour passer immédiatement de la lecture du français à celle du provençal.

3° Pour la lecture directe du provençal, il n'y a qu'à savoir d'abord la prononciation des voyelles et des consonnes.

REMARQUE I.— Ce qui rend la lecture et l'ortho-graphe du français si difficiles, ce sont les nombreuses équivalences et lettres muettes. Le provençal, qui ne les admet pas, prononce toutes les lettres et fait éviter une foule de méprises trop communes aux débutants dans la lecture et l'orthographe.

REMARQUE II. — Si le provençal était demeuré langue officielle, le temps perdu dans les écoles par suite de ces difficultés, aurait pu être employé aux études fondamentales.

Mais, avec le français et le provençal, nous avons la merveilleuse ressource des études comparatives, qui, selon la remarquable formule de l'académicien Maurice Barrès, procurera aux élèves ce triple bénéfice : « une connaissance plus déliée de la langue maternelle, un meilleur enseignement du français et le goût de la poésie. »

CHAPITRE I. — LE NOM.

ESPÈCES.

80. **Noms communs** désignant un seul être au singulier : *araire*, charrue ; *esbléugimen*, éblouissement.

Noms collectifs généraux ; avec leurs désinences, ils prennent l'article ou adjectif article défini :

aio	*la poulaio*	la volaille
an	*lou fedan*	les brebis
arés	*lou vignarés*	le vignoble
arie	*la galinarié*	les gallinacés
aredo	*la castagnaredo*	la châtaigneraie

edo	*la vernedo*	l'aulnaie
èio	*la niniio*	les petits enfants
eirés	*lou ribeirés*	le rivage
èlo	*la sequèlo*	la sequelle
eto	*la bouqueto*	la petite bouche
ié	*lou mountagnié*	le site montagneux
iero	*la tiero*	la série
un	*lou cavalun*	la race chevaline
uno	*la cabruno*	les chèvres
uegno	*l'enfantuegno*	les enfants

81. Noms collectifs partitifs. — Les collectifs qui peuvent être précédés de *un* sont partitifs : *uno tiero,* une rangée ; *un vignarés,* un vignoble.

82 Les **noms propres** désignent des personnes ou des choses : *Roumiéu,* Romieu ; *Salamoun,* Salomon ; *Li Pirenèu,* Les Pyrénées ; *lis Avignounen,* les Avignonais.

83. Quelques noms de famille attribués aux femmes prennent le féminin : *Bertrando, Gouberto, Simouno.*

84. Les noms portés par les enfants ont un diminutif : *Jourdanet,* petit Jourdan ; *Pauloun,* petit Paul ; *Enriqueto,* petite Henriette.
L'adjectif article est mis quelquefois devant le nom propre : *Lou Batistou, La Marieto.*

85. Nom composé. — Il vaudrait mieux dire : locution nominale : *arc-de-sedo,* arc-en-ciel ; *galo-bon-tèms,* viveur; ce sont vraiment des mots équivalant à un seul nom ; on éviterait ainsi la confusion grammaticale de noms *composés* et de mots *composés,* dont la formation est toute différente : *trasfiguracioun,* transfiguration, est un

mot composé ; mais *peis sant-Pèire*, dorée, est
une locution nominale.

86. **Nom concret** : *angeloun*, angelet; *luno*,
lune.

87 **Nom abstrait** : *pereso*, paresse ; *jau-
nuro*, étendue jaunissante.

GENRE.

Genre masculin.

88. Les noms masculins ont, en général, l'une
des terminaisons suivantes :
aire désinence de l'action : *jougaire*, joueur.
adou désinence de l'habitude : *jougadou*, joueur.
an : *bajan*, plat de légumes.
arés : *barcarés*, réunion de barques
cirés : *mouleirés*, groupe de moulins.
ourre : *mourre*, museau ; (exception : *tourre*,
    tour ; *vierge*, vierge, etc.)
e : *ome*, homme.
téume, tillac.
èire : *legèire*, liseur.
et : *roudet*, rouet.
èu : *cruvèu*, crible.
éu : *fièu*, fil.
ié : *paié*, meule de paille.
o, pour quelques noms de racine grecque : *pouè-
    to*, poète ;
os *eros*, héros.
u : *estu*, étui.

Genre féminin.

89. Les noms féminins prennent généralement
les terminaisons suivantes :
a, *Andrea*, nom propre ; *qualita*, qualité.
aio, *la granaio*, la grenaille.

anco, l'anco, la hanche.
anço. la benuranço. la bénédiction.
arié, la pradarié, la prairie.
èio, la ninfèio, le nénuphar.
ènci, l'innoucènci, l'innocence.
eto, la veto, la bandelette.
ié, la mouié, l'épouse.
ioun, l'afihacioun, l'affiliation.
iero, la feniero, le fenil.
o, la femo, la femme.
uegno, désinence de collectif, *l'enfantuegno.* les
    enfants, sens générique.
uno, désinence de collectif, *la cabruno.* les chèvres.

REMARQUE I — Le féminin *tourre,* tour, a pour
diminutif *tourrihoun,* masculin ; de même que
tanto, tante, a le diminutif masculin *tantoun.*

REMARQUE II. — Certains noms des deux genres
se terminent par *e, oun* au masculin et par *o,*
au féminin : *lou manche,* le manche ; *la mancho,*
la manche ; *lou banastoun* le banneau. *la ba-*
nasto, la banne; *la bano* la corne; *lou banihoun,*
la petite corne ; il en est ainsi de quelques lettres
de l'alphabet: *èfe, èfo* (f); *ache, acho* (h); *èle, elo* (l);
ème, emo (m) ; *ène, eno* (n) ; *erre, erro* (r) ;
èsse, esso (s).

Noms de genre différent.

90. Féminin, en provençal: Masculin, en français:

anchoio	anchois
bolo	bol
caud	chaud, chaleur
cebo	oignou
chifro	chiffre
cigálo	cigare
coumençanço	commencement
feniero	fenil

figuiero	figuier
fre (1)	froid
lèbre	lièvre
ounglo	ongle
parafo	paraphe
piboulo	peuplier
platano	platane
pouisoun	poison
pouso-raco	puits-à-roues
sau	sel
sablo	sable
serp	serpent
soclo	socque
ustensiho	ustensile

REMARQUE. – Quelques noms prennent les deux genres avec l'*o* final du féminin, on a dans ce cas : *l'ort,* le jardin, *l'orto,* le grand jardin ; *lou perié,* le poirier. *la periero ; lou prunié,* le prunier, *la pruniero ; lou vòu,* le vol, *la voulado,* la volée ; *lou tard,* le tard, *la tardo,* l'heure tardive.

91. Masculin, en provençal: Féminin, en français:

afaire	affaire
aigo-ardènt	eau-de-vie
arange	orange
armàri	armoire
cendre	cendre
cuié	cuiller
dàti	datte
dèute	dette
enclume	enclume
escritòri	écritoire
image	image

---

(1) *Caud* et *fre* sont dès deux genres, mais plutôt du féminin.

estable	étable
muscle	moule
nacre	nacre
òli	huile
òrdi (d'un seul genre)	orge (de deux genres)
paume	paume
paréu	paire
regalisse	réglisse
relicle	relique
reloge	horloge
rescontre	rencontre
téule	tuile

REMARQUE. — Quelques noms changent de genre en prenant l'augmentatif ou le diminutif : *la barco*, la barque. *lou barquet ; la bourso*, la bourse. *lou boursoun ; la carafo*, la carafe, *lou carafoun ; la cigalo*, la cigale, *lou cigaloun ; lou caulet*, le chou, *la cauleto ; lou four*, le four , *la fournasso* ou *lou fournas ; lou lio*, le lieu, *la liogo*, le cloaque ; *la plano*, la plaine. *lou planet*, la petite plaine ou la place ; *la pocho*, la poche, *lou pouchoun ; lou sa*, le sac. *la saqueto*, *lou saquetoun ; la tanto*. la servante d'une ferme, *lou tantoun*.

Formation du féminin

92. On forme le féminin :

1° Par l'addition de *o* au masculin : *dóufin*, dauphin, *dóufino*.

2° Par un mot différent du masculin : *peirin*. parrain, *meirino*, marraine ; *chivau*, cheval, *cavalo*, jument.

3° Par les terminaisons *ado,ello* (remplaçant *éu*); *enço, ro, sso, is* (remplaçant *e*) ; *iro, ouiro, uegno*, *uno, uro* : *verin*, venin, *verinado ; bourg*, bourg, *bourgado ; courdèu*, cordeau, *courdello ; coumprenènço*, intelligence ; *fournié*, boulanger, *fourniero ; baile*, maître-valet, *beilesso ; emperaire*, empereur, *emperairis ; manjadou*, mangeoire, *manjadouiro ; enfant*, enfant, *enfantuegno*, le monde enfantin : *la cabruno*, les chèvres ; *la coumpreneduro*, la compréhension.

4° En ajoutant le mot *femèu* ou *femello*, au masculin de certains noms d'animaux : *un roussignòu femèu*, un rossignol femelle.

NOMBRE.

Formation du singulier et du pluriel.

93. Le nom en provençal est *invariable* ; l'adjectif déterminatif, article singulier ou pluriel, en désigne le nombre et le genre : *lou castèu, li castèu* ; le château, les châteaux.

Degrés d'étendue dans la signification des noms.

94. Ils sont exprimés comme en français :

1° Genre : *Diéu faguè l'ome à soun image*, Dieu fit l'homme à son image.

2° Espèce : *L'ome benfasènt es lausa*, l'homme bienfaisant est loué.

3° Individu : *Veici l'ome que nous fau*, voici l'homme qu'il nous faut.

Dans ces trois exemples, *ome* est pris avec un sens déterminé ; s'il ne désigne ni un genre ni une espèce ni un individu, il est indéterminé : *Parles en ome*, tu parles en homme.

Augmentatifs et diminutifs.

96. *Sens augmentatif* : *pourtalas,* grand portail.

97. *Sens diminutif* : *pourtalet,* petit portail.

98. Les désinences augmentatives sont : *ard, as, aras, assas, atas ;* ces trois dernières portent l'augmentatif au plus haut degré et y ajoutent généralement le sens péjoratif : *flaugnard,* mignard avec niaiserie ; *aubras,* gros arbre ; *cataras,* gros et vilain chat ; *vinassas,* gros et mauvais vin ; *pecatas,* énorme péché.

99. Les désinences diminutives sont : *au, et, iho, ihoun, ino, ot, oun* : *tinau,* cuveau ; *enfantet,* petit enfant ; *couquiho,* petite coque ; *pastrihoun,* petit pâtre ; *couloubrino,* couleuvrine ; *moussurot,* petit monsieur ; *pastissoun,* petit pâté.

100. Le diminutif du diminutif porte ce dernier au plus petit degré quant à la dimension et au plus haut pour la grâce et la finesse : *agnèu,* agneau, *agnelet, agneloun, agnelounet ; chato,* jeune fille, *chatouno,* fillette, *chatouneto,* plus petite fille ; *fenèstro,* fenêtre, *fenestroun, fenestrounet.*

REMARQUE. — Le provençal est beaucoup plus riche que le français en augmentatifs et diminutifs.

101. **Locution nominale :** *Teta-dous,* langage mielleux ; *pasto-mourtié,* instrument avec lequel on pétrit le mortier.

CHAPITRE II. — **L'ADJECTIF.**

I. – Adjectif qualificatif.

Formation du féminin.

102. On ajoute, comme pour le nom, *o* au masculin : *beluguet*, sémillant, *belugueto* ; *aurin*, qui est d'or, *aurino* ; *malancòni*, mélancolique, *malancònio*.

103. Si l'adjectif est terminé par un *e*, cette voyelle se change en *o* : *blèime*, blême, *blèimo*.

Féminin particulier de quelques adjectifs.

104. Certains adjectifs ont une terminaison particulière :

adou forme le féminin en *ouiro* : *pecadou*, pécheur, *pecadouiro*, pécheressse.

aire forme le féminin en *arello* : *jougaire*, joueur, *jougarello*, joueuse ; quelquefois en *airis* : *cantaire*, chanteur, *cantairis*, chanteuse.

au. èu, òu forment le féminin en *alo, ello, olo* : *courau*, cordial ; *couralo*, cordiale ; *bèu*, beau ; *bello*, belle ; *courriòu*, coureur, *courriolo*, coureuse.

REMARQUE.— L'*e* et l'*o* perdent leur accent.

Quelques adjectifs en *èu* gardent l'*è* seul avant de prendre la terminaison *lo* : *fidèu*, fidèle ; *fidèlo*, fidèle.

èire forme le féminin en *erello* : *risèire*, rieur ; *riserello* ou *riseiris*, rieuse.

en forme le féminin en *enco* : *aupen*, alpin, *au-penco*, alpine.

La désinence *en, enco*, s'applique aux personnes : *uno pastrihouno aupenco*, une jeune bergère alpine ; mais la désinence *iho* indique un nom de choses : *Aupiho*, Alpilles.

erèu forme le féminin en *erello* : *creserèu*, cré-
dule, *crescrello*.

és forme le féminin en *esso* ou *eso* : *espés*, épais,
espesso ; *courtés*, courtois, *courteso*.

i, ique, it forment le féminin en *ico, ido* : *tragi*,
tragique, *tragico*, tragique ; *coumique*, comique,
coumico, comique ; *poulit*, joli, *poulido*, jolie ;
(*jòli* au féminin fait *jòlio*).

ié ajoute une *r* avant de prendre l'*o* et perd l'accent
de l'*é* : *parié*, pareil, *pariero*, pareille.

iéu change *éu* en *l* ou *v* : *sutiéu*, subtil, *sutilo*,
subtile ; *tardiéu*, tardif, *tardivo*.

ou prend une *l* avant l'*o* du féminin : *sadou*,
soûl, *sadoulo*.

u prend un *d* avant l'*o* du féminin : *alu*, ailé,
aludo, ailée.

Les adjectifs terminés par *s* précédée d'une
diphtongue doublent cette consonne : *faus*, faux,
fausso, fausse ; *dous*, doux, *dousso*, douce ; *rous*,
roux, *rousso*, rousse ; *grè*, grec et *se*, sec ajoutent *co* : *grèco*, grecque ; *seco*, sèche.

Les adjectifs terminés par *co* et *go* forment leur
pluriel en *qui* et *gui* : *frésqui prado*, fraîches
prairies ; *lòngui tiero*, longues files.

Formation du pluriel.

105. En général, les adjectifs sont invariables
pour le nombre, mais ils changent l'*e* et l'*o* final en
i, quand ils sont placés devant les noms pluriels :
flàmi festoun, brillants festons ; *galànti flour*,
charmantes fleurs.

106. Placé après le nom, l'adjectif est toujours
invariable pour le nombre : *poumo maduro*, pom-
mes mûres ; *cebo renadivo*, oignons remontés.

107. On ajoute *s* euphonique à l'adjectif pluriel

en *i* devant un mot dont l'initiale est une voyelle : *lénis oundado*. douces ondées ; *bràvis escudié*, braves ecuyers.

II.- Degrés de signification dans les adjectifs

108. – 1° *Positif* ou adjectif sans comparaison : *grand*, grand.

2° *Comparatif d'égalité* : *autant grand que tu*, aussi grand que toi.

Comparatif d'infériorité : *mens, pas tant*, moins, pas autant.

Comparatif de supériorité : *plus, pu, mai*, plus.

Doubles compa:atifs : *bon*, bon ; *pu bon*, plus bon, *meiour*. meilleur ; *marrit*. mauvais ; *pu marrit. pire*. plus mauvais, pire.

3° *Superlatif relatif* : *lou pieje, lou pire*, le pire.

Superlatif absolu : Il est exprimé par les mots : *à noun plus. estremamen. forço, infinimen, que mai. mai-que-mai, tant que, tras que* : *Es mai que mai urous*, il est on ne peut plus heureux.

109. On forme le superlatif relatif en plaçant l'article ou l'adjectif possessif devant le comparatif d'infériorité ou de supériorité : *Es pas la mendro de si tarabastado*, ce n'est pas la moindre de ses trimballées ; *lou pu poulit de la couvado*, le plus joli de la couvée.

Augmentatifs et diminutifs.

110. Les désinences augmentatives des noms passent à l'adjectif, et en altération ; ce sont *as, astre, au, inas* : *rouge*, rouge ; *roujas* et *rou*-

ginas, rougeâtre ; *verdas* et *verdastre*, verdâtre ; *verdau*, glauque ; *verdelet* et *verdoulet*, verdelet.

111. Les désinences diminutives sont : *et, in, inèu, ihoun, oun* : *castelet*. petit château ; *blavinèu*, un peu blème ; *bravoun. bravihoun*, un peu aimable ; *couquinot*, petit coquin.

112. Il y a des diminutifs de diminutifs : *fin*, fin; *finet*, un peu et gracieusement fin ; *finetoun*. gracieusement fin ; *finetounet*. très gracieusement fin ; *finocho*. finaud ; *finouchous*, trop finaud.

Locution adjective.

113. *Jaune-limoun*, jaune-citron; *flame-nòu*, tout battant neuf ; *blu de cèu*. bleu de ciel ; *Nous es en de-bon*, il nous est agréable.

CHAPITRE III. — LE PRONOM.
Pronom personnel.

114	Singulier :	Pluriel :
1re personne	*Iéu,* je. *Me,* me, moi.	*Nous,* nous.
2e personne	*Tu,* tu. *Te,* te, toi.	*Vous,* vous.
3e personne	*Éu,* il, lui. *Elo,* elle. *Se,* se, soi.	*Éli,* ils, eux, elles. *Se,* se.

Ié, lui, leur, y ; *n'en,* de lui, d'elle, d'eux, d'elles, de cela, en.

REMARQUE I. — Les pronoms *nous, vous,* comme les autres pronoms sujets, ne sont pas employés en provençal, si ce n'est par pléonasme ;

mais alors les deux premiers sont suivis de *autre : nous autre, vous autre : Nous autre parlaren*, nous, nous parlerons.

REMARQUE II. — Le pronom *se* est employé comme pronom indéfini : *Se part,* on part.

Locutions pronominales.

115. *Iéu-même,* moi-même ; *tu-même,* toi-même ; *éu-même,* lui-même,

D'esperiéu, d'espertu, d'esperse, d'espernautre, d'espervautre, d'esperse, par moi-même, toi-même, lui-même. nous-mêmes. vous-mêmes, eux-mêmes, c'est-à-dire spontanément.

Adjectifs et pronoms déterminatifs.

116. *Adjectif article*   *pronom article*
 » *démonstratif*   , *démonstratif*
 » *possessif*   » *possessif*
 » *numéral*   » *numéral*
 » *conjonctif*   » *conjonctif*
 » *indéfini*   » *indéfini.*

Article défini.

117. *Lou* flume, le fleuve ; *la* tiblo. la truelle ; *li* vèsti, les vêtements ; *li* maiouliero, les rangées de ceps,

Article élidé.

118. *L'àsti,* la broche à rôtir ; *l'espoungo,* l'éponge.

Article contracté.

119. *Au (à lou) : au vèspre,* au soir ; *dóu (de lou) : dóu clapié,* du tas de pierres ; *i (à li) : i rai,* aux rayons ; *di (de li) : di fougau,* des foyers ; *dis iroundello,* des hirondelles ; *dis iruge,* des sangsues.

Article partitif.

120. Il n'y en a qu'un, *de*, pour les deux genres et les deux nombres : **De pan,** du pain ; **de farino,** de la farine ; **de tourtoun,** des petits gâteaux.

Pronom article.

121. *La cacho–maio es pleno de sòu,* **la dèvon esclapa,** la tire–lire est pleine de sous, on doit la briser ; —*Ounte soun passa lis agnèu ? lis avèn pas vist,* où sont passés les agneaux ? nous ne les avons pas vus.

Adjectif démonstratif.

122.

masculin :	Singulier	féminin :	Pluriel des deux genres :
Aquest } ce	(l'objet le plus éloigné)	*Aquesto Aquésti* } ces	
Aquéu }	(l'objet le plus rapproché)	*Aquelo Aquéli* }	

Aqueste est la forme de cet adjectif dans le dialecte rhodanien : *aqueste riban,* ce ruban.

Pronom démonstratif.

123. Singulier

masculin :		féminin :
Aquest,	celui, celui-ci	*aquesto,* celle, celle-là :
Aquéu,	celui, celui-là	*aquelo,* celle, celle-là
Ço, ce	*eiçò,* ceci.	*acò,* cela.

Pluriel
des deux genres :

Aquésti, ceux, ceux-ci, celles, celles-ci.
Aquéli, ceux, ceux-là, celles, celles-là.

Locutions pronominales-démonstratives.

124. Pour les choses :

Eiçò-d'eici, ceci, l'objet le plus rapproché de ce côté-ci.
Eiçò d'eiça, cela, » éloigné »
Acò-d'aqui, cela, » rapproché de ce côté-là.
Acò-d'eila, cela, » éloigné »

Pour les personnes et pour les choses :

Aquest-d'eici, celui-ci,   le plus rapproché de ce côté-ci.
Aquest-d'eiça, celui là,   »   éloigné de ce côté-là.
Aquéu-d'eici, celui-là,   »   rapproché de ce côté-là.
Aquéu-d'eila, celui-là,   »   éloigné   »

Adjectifs possessifs.

125.   Singulier   Pluriel

masculin :   féminin :   des deux genres :
(avec un seul possesseur)

moun, mon ;   *ma.*   ma ;   *mi,*   mes ;
toun, ton ;   *ta,*   ta ;   *ti,*   tes ;
soun, son ;   *sa,*   sa ;   *si,*   ses ;

(avec plusieurs possesseurs)   des deux genres
                                  et des deux nombres

noste, notre ;   *nosto,* notre ;   *nòsti,* nos ;
voste, votre ;   *vosto,* votre ;   *vòsti,* vos ;
soun,   leur ;   *sa,*   leur.   *si,*   leurs.

Pronoms possessifs.

126.   Singulier
       masculin :   féminin :

lou miéu,   le mien ;   *la miéuno,* la mienne;
lou tiéu,   le tien ;   *la tiéuno,* la tienne ;
lou siéu,   le sien ;   *la siéuno,* la sienne ;
lou nostre, le nôtre ;   *la nostro,* la nôtre ;
lou vostre, le vôtre ;   *la vostro,* la vôtre ;
lou siéu,   le leur ;   *la siéuno,* la leur.

Pluriel
       masculin :   féminin :

li miéu,   les miens ;   *li miéuno,* les miennes ;
li tiéu,   les tiens ;   *li tiéuno,* les tiennes ;
li siéu,   les siens ;   *li siéuno,* les siennes ;
li nostre, les nôtres ;   *li nostro,* les nôtres ;
li vostre, les vôtres ;   *li vostro,* les vôtres ;
li siéu,   les leurs ;   *li siéuno,* les leurs.

Adjectifs numéraux.

127. *Numéraux cardinaux* :

un, féminin : *uno*.	1	*vint-e-un*	21
dous, féminin : *dos*	2	*vint-e-dous*	22
tres	3	*trento*	30
quatre	4	*quaranto*	40
cinq	5	*cinquanto*	50
sièis	6	*seissanto*	60
sèt	7	*setanto*	70
vue	8	*vuetanto* ou *qua-*	
nòu,	9	*tre-vint*	80
dès	10	*nounanto*	90
vounge	11	*cènt*	100
douge	12	*cènt-un*	101
trege	13	*dous cènt*	200
quatorge	14	*tres cènt*	300
quinge	15	*milo*	1.000
sege	16	*dous milo*	2.000
dès-e-sèt	17	*milioun*	1.000.000
dès-e-vue	18	*bilioun*	1.000.000.000
dès-e-nòu	19	*trilioun*	1000.000.000.000
vint	20	*milié* ou *milanto*,	
		millier.	

128. *Numéraux ordinaux* :

unen, enco	1e	*cinquen....enco*	5e
proumié, premié,	1er	*sieisen*	» 6e
ero	1e	*seten*	» 7e
segound....oundo	2e	*vuechen*	» 8e
dousen....enco	2e	*nouven*	» 9e
tresen	» 3e	*desen*	» 10e
quatren	» 4e	*voungen*	» 11e
quatrèime....èimo	4e	*dougen*	» 12e

tregen	*enco*	13ᵉ	*vinten* ....*enco*		20°
quatourgen....	»	14ᵉ	*centen*	»	100°
quingen	»	15ᵉ	*milen*...... *enco*		1.000°
segen	»	17ᵉ	*miliounen*..*enco*		
dès-e-seten	»	17ᵉ			1.000.000°
dès-e-vuechen .	»	18°	etc...		
dès-e-nouven .	»	19ᵉ			

Pronoms numéraux cardinaux et ordinaux.

129. Ce sont les mêmes que les adjectifs, dont ils se distinguent, d'après la règle générale qui veut que l'adjectif devienne pronom lorsqu'il n'est pas accompagné du nom : *Tres bastimen s'amarron au port de Marsiho, lou dousen partira deman pèr Maioco; trois* bâtiments s'amarrent au port de Marseille, *le deuxième* partira demain pour Majorque.

Tres, suivi du nom *bastimen*, lui est adjoint : il est donc adjectif, tandis que *lou segound* tenant la place de *bastimen* est *pronom*.

Adjectifs conjonctifs.

130.   Singulier

masculin   féminin :

devant une voyelle :	devant une consonne :		féminin	
quant,	*quante,*		*quanto,*	
quent,	*quente,*		*quento,*	
quet,	*quete,*	que	*queto,*	quelle.
quint,	*quinte,*		*quinto,*	
qun,			*quno,*	
qunt,	*qunt*		*qunto,*	

Pluriel
des deux genres :

quànti,
quénti,
quéti,
quìnti, } quels, quelles.
qùni,
qùnti.

Masculin :	Féminin :	Masculin :	Féminin :
lou quau,	la qualo,	li quau,	li qualo,
dóu quau,	de la qualo,	di quau,	di qualo,
au quau,	à la qualo,	i quau,	i qualo,

REMARQUE. — Ces derniers sont très rarement employés comme adjectifs ; mais il n'est pas inutile de les indiquer, ne serait-ce que pour montrer l'application plus complète du rapport général entre les adjectifs et les pronoms déterminatifs.

Pronoms conjonctifs.

131. Les pronoms conjonctifs ont les mêmes termes que ceux des adjectifs ci-dessus ; ils sont employés aussi dans la proposition interrogative.

Il y a encore les pronoms conjonctifs suivants :

Quau, qu, qui.

Que, qui ou que, quoi, dont, (des deux genres et des deux nombres) ;

Qu, qui ;

Dequé (de quoi), que, quoi, qu'est-ce que ce ?

REMARQUE. — Les adjectifs *quant, quete; quente, quinte, qunte,* en devenant pronoms conjonctifs, prennent l'article : *D'aquéli jouvènt, lou quente sara óuficié ?* De ces jeunes gens, lequel sera officier ?

132.   **Adjectifs et pronoms indéfinis.**

Adjectifs

Les adjectifs indéfinis sont :

Aucun, aucun ; *certan*, certain ; *cade, chasque*, chaque ; *mant*, maint ; *nul*, nul ; *quauque*, quelque ; *quet*, quel ; *tànti*. nombreux, ses.

Adjectifs qui peuvent devenir pronoms

autre. autre ; *meme*, même ; *tau*, tel ; *tout*, tout ; *un*, un.

Pronoms

Aurre, autre chose ; *autru*, autrui ; *cadun, chascun*, chacun ; *degun, res*, personne ; *mant un, plus d'un*, plus d'un ; *on*, on ; *plusiour*, plusieurs ; *quaucarèn, quicon*, quelque chose ; *quaucun*, quelqu'un ; *rèn*, rien ; *d'ùni*, quelques-uns.

REMARQUE. — Les adjectifs indéfinis forment le féminin et le pluriel comme les adjectifs déterminatifs.

Quelques-uns changent aussi l'*o* ou l'*e* final en *i* devant le nom pluriel.

CHAPITRE IV. — LE VERBE

133. VERBE AVÉ, AGUÉ, AVOIR.

MODE INDICATIF

Temps simples		Temps composés	
PRÉSENT		**PASSÉ INDÉFINI**	
Ai	j'ai	*Ai agu*	j'ai eu
as	tu as	*as agu*	tu as eu
a	il a	*a agu*	il a eu
avèn	nous avons	*avèn agu*	nous avons eu
avès	vous avez	*avès agu*	vous avez eu
àn	ils ont.	*an agu*	ils ont eu.
IMPARFAIT		**PLUS-QUE-PARFAIT**	
Aviéu	j'avais	*Aviéu agu*	j'avais eu
aviés	tu avais	*aviés agu*	tu avais eu
avié	il avait	*avié agu*	il avait eu
avian	nous avions	*avian agu*	n. avions eu
avias	vous aviez	*avias agu*	vous aviez eu
avien	ils avaient.	*avien agu*	ils avaient eu.
PASSÉ DÉFINI (1)		**PASSE ANTÉRIEUR**	
Aguère	j'eus.	*Aguère agu*	j'eus eu
aguères	tu eus	*aguères agu*	tu eus eu
aguè	il eut	*aguè agu*	il eut eu
aguerian	nous eûmes	*aguerian agu*	nous eûmes eu
aguerias	vous eûtes	*aguerias agu*	vous eûtes eu
aguèron	ils eurent.	*aguèron agu*	ils eurent eu.
FUTUR SIMPLE		**FUTUR ANTÉRIEUR**	
Aurai	j'aurai	*Aurai agu*	j'aurai eu
auras	tu auras	*auras agu*	tu auras eu
aura	il aura	*aura agu*	il aura eu
auren	nous aurons	*auren agu*	n. aurons eu
aurés	vous aurez	*aurés agu*	vous aurez eu
auran	ils auront.	*auran agu*	ils auront eu.

(1) Les termes de la nouvelle nomenclature, *passé simple*, *passé composé*, ne désignent rien du temps ou de la durée qui n'est ni simple ni composée ; mais les mots *passé défini*, *passé indéfini* marquent le temps précis ou indéterminé pendant lequel ont eu lieu l'action ou l'état : d'ailleurs *simple* et *composé* sont employés pour nommer un autre élément de la conjugaison.

MODE CONDITIONNEL

Temps simples		Temps composés	
PRÉSENT OU FUTUR		**PARFAIT INDÉFINI** (1re forme)	
Auriéu	j'aurais	*Auriéu agu*	j'aurais eu
auriés	tu aurais	*auriés agu*	tn aurais eu
aurié	il aurait	*aurié agu*	il aurait eu
aurian	nous aurions	*aurian agu*	n. aurions eu
aurias	vous auric	*aurias agu*	v. auriez eu
aurien	ils auraient.	*aurien agu*	ils auraient eu

(2e forme)

aguèsse agu   j'eusse eu, etc.

MODE IMPÉRATIF

PRÉSENT OU FUTUR		PASSÉ	
Agues	aie	*agues agu*	aie eu
aguen	ayons	*aguen agu*	ayons eu
agués	ayez.	*agués agu*	ayez eu.

MODE SUBJONCTIF

PRÉSENT OU FUTUR		PASSÉ	
Qu'ague	que j'aie	*Qu'ague agu*	que j'ai eu
qu'agues	que tu aies	*qu'agues agu*	q. tu aies eu
qu'ague	qu'il ait	*qu'ague agu*	qu'il ait eu
qu'aguen	que n. ayons	*qu'aguen agu*	q. n. ayons eu
qu'agués	que v. ayez	*qu'agués agu*	q. v. ayez eu
qu'agon	qu'ils aient.	*qu'agon agu*	qu'ils aient eu.

IMPARFAIT		PLUS QUE-PARFAIT	
Qu'aguèsse	que j'eusse	*Q. aguèsse agu* que j'eusse eu	
qu'aguèsses	que tu eusses	*q. aguèsses* » q. tu eusses »	
qu'aguèsse	qu'il eût	*q. aguèsse* » qu'il eût »	
qu'aguessian	q. n. eussions	*q. aguessian* » q. n. eussions »	
qu'aguessias	q. v. eussiez	*q. aguessias* » q. v. eussiez »	
qu'aguèsson	qu'ils eussent.	*q. aguèsson* » q. ils eussent »	

MODE INFINITIF

PRÉSENT OU FUTUR	PASSÉ
Avé ou *agué*, avoir.	*Avé, agué agu*, avoir eu.

MODE PARTICIPE

PRÉSENT OU FUTUR	PASSÉ
Avènt, ayant.	*Avènt agu*, ayant eu.

PASSÉ SIMPLE

Agu, udo ; eu, eue.

VERBE ÈSTRE (auxiliaire) ÊTRE

MODE INDICATIF

Temps simples		Temps composés	
PRÉSENT		**PASSÉ INDÉFINI**	
Siéu	je suis	*Siév esta*	j'ai été
siés	te es	*sies esta*	tu as été
es	il est	*es esta*	il a été
sian	nous sommes	*sian esta*	nous avons été
sias	vous êtes	*sias esta*	vous avez été
soun	ils sont.	*soun esta*	ils ont été.
IMPARFAIT		**PLUS-QUE-PARFAIT**	
Ère	j'étais	*Ère esta*	j'avais été
ères	tu étais	*ères esta*	tu avais été
èro	il était	*èro esta*	il avait été
erian	nous étions	*erian esta*	nous avions été
erias	vous étiez	*erias esta*	vous aviez été
èron	ils étaient.	*èron esta*	ils avaient été.
PASSÉ DÉFINI		**PASSÉ ANTÉRIEUR**	
Fuguère		*Fuguère esta*	j'eus été
siguère	je fus	*fuguères »*	tu eus été
ou *sieguère*		*fuguè »*	il eut été
fuguères	tu fus	*fuguerian »*	nous eûmes été
fuguè	il fut	*fuguerias »*	vous eûtes été
fuguerian	nous fûmes	*fuguèron »*	ils eurent é é.
fuguerias	vous fûtes		
fuguèron	ils furent.		
FUTUR SIMPLE		**FUTUR ANTÉRIEUR**	
Sarai	je serai	*Sarai esta*	j'aurai été
saras	tu seras	*saras »*	tu auras été
sara	il sera	*sara »*	il aura été
saren	nous serons	*saren »*	nous aurons été
sarés	vous serez	*sarés »*	vous aurez été
saran	ils seront.	*saran »*	ils auront été.

MODE CONDITIONNEL

PRÉSENT ou FUTUR		PASSÉ (1re forme)	
Sariéu	je serais	*Sariéu esta*	j'aurais été
sariés	tu serais	*sariés »*	tu aurais été
sarié	il serait	*sarié »*	il aurait été
sarian	nous serions	*sarian »*	nous aurions été
sarias	vous seriez	*sarias »*	vous auriez été
sarien	ils seraient.	*sarien »*	ils auraient été.

(2e forme)

Fuguèsse esta j'eusse été, etc.

MODE IMPÉRATIF

PRÉSENT OU FUTUR			PASSÉ				
Siegues ou fugues		sois	*Siegues esta ou*			*aie*	été
siguen » *fuguen*		soyons	*siguen*	»	»	*ayons*	»
sigués » *fugués*		soyez	*sigués*	»	»	*ayez*	»

MODE SUBJONCTIF

PRÉSENT OU FUTUR

Que siegue	ou	*fugue*		que je sois
que siegues	»	*fugues*		que tu sois
que siegue	»	*fugue*		qu'il soit
que siguen	»	*fuguen*		que nous soyons
que sigués	»	*fugués*		que vous soyez
que siegon	»	*fugon*		qu'ils soient.

PASSÉ

Que siegue	ou	*fugue*	*esta*	que j'aie été
que siegues	»	*fugues*	»	que tu aies été
que siegue	»	*fugue*	»	qu'il ait été
que siguen	»	*fuguen*	»	que nous ayons été
que sigués	»	*fugués*	»	que vous avez été
que siegon	»	*fugon*	»	qu'ils aient été.

IMPARFAIT

Que siguèsse	ou	*fuguèsse*	que je fusse
que siguèsses	»	*fuguèsses*	que tu fusses
que siguèsse	»	*fuguèsse*	qu'il fût
que siguessian	»	*fuguessian*	que nous fussions
que siguessias	»	*fuguessias*	que vous fussiez
que siguèsson	»	*fuguèsson*	qu'ils fussent.

PLUS-QUE-PARFAIT

Que siguèsse	ou	*fuguèsse*	*esta*	que j'eusse été
que siguèsses	»	*fuguèsses*	»	que tu eusses été
que siguèsse	»	*fuguèsse*	»	qu'il eût été
que siguessian	»	*fuguessian*	»	que nous eussions été
que siguessias	»	*fuguessias*	»	que vous eussiez été
que siguèsson	»	*fuguèsson*	»	qu'ils eussent été.

MODE INFINITIF

PRÉSENT OU FUTUR		PASSÉ	
èstre	être	*èstre esta*	avoir été.

MODE PARTICIPE

PRÉSENT OU FUTUR		PASSÉ	
estènt	étant	*estènt esta, ado*	ayant été.

PASSÉ SIMPLE

esta, ado   été

VERBE AMA, AIMER.

MODE INDICATIF

Temps simples		Temps composés	
PRÉSENT		**PASSÉ INDÉFINI**	
Ame	j'aime	*Ai ama*	j'ai aimé
ames	tu aimes	*as ama*	tu as aimé
amo	il aime	*a ama*	il a aimé
aman	nous aimons	*avèn ama*	n. avons aimé
amas	vous aimez	*avès ama*	v. avez aimé
amon	ils aiment	*an ama*	ils ont aimé.
IMPARFAIT		**PLUS-QUE-PARFAIT**	
Amave	j'aimais	*Aviéu ama*	j'avais aimé
amaves	tu aimais	*aviés ama*	tu avais aimé
amavo	il aimait	*avié ama*	il avait aimé
amavian	nous aimions	*avian ama*	n. avions aimé
amavias	vous aimiez	*avias ama*	v. aviez aimé
amavon	ils aimaient.	*avien ama*	ils avaient aimé.
PASSÉ DÉFINI		**PASSÉ ANTÉRIEUR**	
Amère	j'aimai	*Aguère ama*	j'eus aimé
amères	tu aimas	*aguères* »	tu eus aimé
amè	il aima	*aguè* »	il eut aimé
amerian	nous aimâmes	*aguerian* »	n. eûmes aimé
amerias	vous aimâtes	*aguerias* »	v. eûtes aimé
amèron	ils aimèrent.	*aguèron* »	ils eurent aimé.
FUTUR SIMPLE		**FUTUR ANTÉRIEUR**	
Amarai	j'aimerai	*Aurai ama*	j'aurai aimé
amaras	tu aimeras	*auras ama*	tu auras aimé
amara	il aimera	*aura ama*	il aura aimé
amaren	n. aimerons	*auren ama*	n. aurons aimé
amarés	vous aimerez	*aurés ama*	vous aurez aimé
amaran	ils aimeront.	*auran ama*	ils auront aimé.

MODE CONDITIONNEL

PRÉSENT ou FUTUR		PASSÉ	
Amariéu	j'aimerais	*Auriéu ama*	j'aurais aimé
amariés	tu aimerais	*auriés ama*	tu aurais aimé
amarié	il aimerait	*aurié ama*	il-aurait aimé
amarian	n. aimerions	*aurian ama*	n. aurions aimé
amarias	v. aimeriez	*aurias ama*	v. auriez aimé
amarien	ils aimeraient	*aurien ama*	ils auraient aimé

MODE IMPÉRATIF

PRÉSENT OU FUTUR		PASSÉ	
Amo	aime	*agues ama*	aie aimé
amen	aimons	*aguen ama*	ayons aimé
amas	aimez.	*agués ama*	ayez aimé.

MODE SUBJONCTIF

PRÉSENT OU FUTUR

Qu'ame	que j'aime
qu'ames	que tu aimes
qu'ame	qu'il aime
qu'amen	que nous aimions
qu'amés	que vous aimiez
qu'amon	qu'ils aiment.

PASSÉ

Qu'ague ama	que j'aie aimé
qu'agues ama	que tu aies aimé
qu'ague ama	qu'il ait aimé
qu'aguen ama	que nous ayons aimé
qu'agués ama	que vous ayez aimé
qu'agon ama	qu'ils aient aimé.

IMPARFAIT

Qu'amèsse	que j'aimasse
qu'amèsses	que tu aimasses
qu'amèsse	qu'il aimât
qu'amessian	que nous aimassions
qu'amessias	que vous aimassiez
qu'amèsson	qu'ils aimassent.

PLUS-QUE-PARFAIT

Qu'aguèsse agu ama	que j'eusse eu aimé
qu'aguèsses agu ama	que tu eusses eu aimé
qu'aguèsse agu ama	qu'il eût eu aimé
qu'aguessian agu ama	que nous eussions eu aimé
qu'aguessias agu ama	que vous eussiez eu aimé
qu'aguèsson agu ama	qu'ils eussent eu aimé.

MODE INFINITIF

PRÉSENT OU FUTUR		PASSÉ
Ama	aimer.	*Avé* ou *agué ama,* avoir aimé.

MODE PARTICIPE

PRÉSENT OU FUTUR		PASSÉ
Amant	aimant.	*Avènt, aguènt ama,* ayant aimé.

PASSÉ SIMPLE

Ama, ado	Aimé, ée.

VERBE FINI, FINIR.

MODE INDICATIF

Temps simples		**Temps composés**	
PRÉSENT		**PASSÉ INDÉFINI**	
Finisse	je finis	*Ai fini*	j'ai fini
finisses	tu finis	*as fini*	tu as fini
finis	il finit	*a fini*	il a fini
finissèn	nous finissons	*avèn fini*	nous avons fini
finissès	vous finissez	*avès fini*	vous avez fini
finisson	ils finissent.	*an fini*	ils ont fini.
IMPARFAIT		**PLUS-QUE-PARFAIT**	
Finissiéu	je finissais	*Aviéu fini*	j'avais fini
finissiés	tu finissais	*aviés fini*	tu avais fini
flinissié	il finissait	*avié fini*	il avait fini
finissian	n. finissions	*avian fini*	nous avions fini
finissias	v. finissiez	*avias fini*	vous aviez fini
finissien	ils finissaient.	*avien fini*	ils avaient fini.
PASSÉ DÉFINI		**PASSE ANTÉRIEUR**	
Finiguère	je finis	*Aguère fini*	j'eus fini
finiguères	tu finis	*aguères fini*	tu eus fini
finiguè	il finit	*aguè fini*	il eût fini
finiguerian	nous finìmes	*aguerian fini*	nous eûmes fini
finiguerias	vous finîtes	*agueriat fini*	vous eûtes fini
finiguèron	ils finirent	*aguèron fini*	ils eurent fini.
FUTUR SIMPLE		**FUTUR ANTÉRIEUR**	
Finirai	je finirai	*Aurai fini*	j'aurai fiai
finiras	tu finiras	*auras fini*	tu auras fini
finira	il finira	*aura fini*	il aura fini
finiren	nous finirons	*auren fini*	nous aurons fini
finirés	vous finirez	*aurés fini*	vous aurez fini
finiran	ils finiront.	*auran fini*	ils auront fini.

MODE CONDITIONNEL

PRÉSENT OU FUTUR		**PASSÉ**	
Finiriéu	je finirais	*Auriéu fini*	j'aurais fini
finiriés	tu finirais	*auriés fini*	tu aurais fini
finirié	il finirait	*aurié fini*	il aurait fini
finirian	n. finirions	*aurian fini*	nous aurions fini
finirias	v. finiriez	*aurias fini*	vous auriez fini
finirien	ils finiraient.	*aurien fini*	ils auraient fini.

MODE IMPÉRATIF

PRÉSENT OU FUTUR   **PASSÉ**

Finis	finis	*Agues fini*	aie fini
finissen	finissons	*aguen fini*	ayons fini
finissès	finissez.	*agués fini*	ayez fini.

MODE SUBJONCTIF

PRÉSENT OU FUTUR

Que finigue	Que je finisse
que finigues	que tu finisses
que finigue	qu'il finisse
que finiguen	que nous finissions
que finigués	que vous finissiez
que finigon	qu'ils finissent.

IMPARFAIT

Que finiguèsse	que je finisse
que finiguèsses	que tu finisses
que finiguèsse	qu'il finit
que finiguessian	que nous finissions
que finiguessias	que vous finissiez
que finiguèsson	qu'ils finissent.

PASSÉ

Qu'ague fini	que j'aie fini
qu'agues fini	que tu aies fini
qu'ague fini	qu'il ait fini
qu'aguen fini	que nous ayons fini
qu'agués fini	que vous ayez fini
qu'agon fini	qu'ils aient fini.

PLUS-QUE-PARFAIT

Qu'aguèsse ayu fini			que j'eusse eu fini
qu'aguèsses	»	»	que tu eusses eu fini
qu'aguèsse	»	»	qu'il eût eu fini
qu'aguessian	»	»	que nous eussions eu fini
qu'aguessias	»	»	que vous eussiez eu fini
qu'aguèsson	»	»	qu'ils eussent eu fini.

MODE INFINITIF

PRÉSENT OU FUTUR   **PASSÉ**

Fini	finir.	*Avé, agué fini*, avoir fini.

MODE PARTICIPE

PRÉSENT OU FUTUR   **PASSÉ**

Finissènt	finissant.	*Avènt, aguènt fini*, ayant fini.

PASSÉ SIMPLE

Fini, ido	Fini, ie.

VERBE RÈNDRE, RENDRE.

MODE INDICATIF

Temps simples		**Temps composés**	
PRÉSENT		**PASSÉ INDÉFINI**	
Rènde	je rends	*Ai rendu*	j'ai rendu
rèndes	tu rends	*as rendu*	tu as rendu
rènd	il rend	*a rendu*	il a rendu
rendèn	nous rendons	*avèn rendu*	n. avons rendu
rendès	vous rendez	*avès rendu*	v. avez rendu
rèndon	ils rendent.	*an rendu*	ils ont rendu
IMPARFAIT		**PLUS-QUE-PARFAIT**	
Rendiéu	je rendais	*Aviéu rendu*	j'avais rendu
rendiés	tu rendais	*aviés* »	tu avais rendu
rendié	il rendait	*avié* »	il avait rendu
rendian	nous rendions	*avian* »	n. avions rendu
rendias	vous rendiez	*avias* »	v. aviez rendu
rendien	ils rendaient.	*avien* »	ils avaient rendu.
PASSÉ DÉFINI		**PASSÉ ANTÉRIEUR**	
Rendeguère	je rendis	*Aguère rendu*	j'eus rendu
rendeguères	tu rendis	*aguères* »	tu eus rendu
rendeguè	il rendit	*aguè* »	il eut rendu
rendeguerian	n. rendîmes	*aguerian* »	n. eûmes rendu
rendeguerias	v. rendîtes	*aguerias* »	v. eûtes rendu
rendeguéron	ils rendirent.	*aguèron* »	ils eurent rendu.
FUTUR SIMPLE		**FUTUR ANTÉRIEUR**	
Rendrai	je rendrai	*Aurai rendu*	j'aurai rendu
rendras	tu rendras	*auras* »	tu auras rendu
rendra	il rendra	*aura* »	il aura rendu
rendren	nous rendrons	*auren* »	n. aurons rendu
rendrés	vous rendrez	*aurés* »	v. aurez rendu
rendran	ils rendront.	*auran* »	ils auront rendu.

MODE CONDITIONNEL

PRÉSENT OU FUTUR		**PASSÉ**	
Rendriéu	je rendrais	*Auriéu rendu*	j'aurais rendu
rendriés	tu rendrais	*auriés* »	tu aurais rendu
rendrié	il rendrait	*aurié* »	il aurait rendu
rendrian	n. rendrions	*aurian* »	n. aurions rendu
rendrias	v. rendriez	*aurias* »	v. auriez rendu
rendrien	ils rendraient	*aurien* »	ils auraient rendu

MODE IMPÉRATIF

PRÉSENT OU FUTUR		PASSÉ		
Rènde ou *rènd*	rends	*Agues rendu*	aie rendu	
rendèn	rendons	*aguen*	»	ayons rendu
rendès	rendez	*agués*	»	ayez rendu.

MODE SUBJONCTIF

PRÉSENT OU FUTUR

Que rènde	que je rende
que rèndes	que tu rendes
que rènde	qu'il rende
que renden	que nous rendions
que rendès	que vous rendiez
que rèndon	qu'ils rendent.

IMPARFAIT

Que rendeguèsse	que je rendisse
que rendeguèsses	que tu rendisses
que rendeguèsse	qu'il rendit
que rendeguessian	que nous rendissions
que rendeguessias	que vous rendissiez
que rendeguèsson	qu'ils rendissent.

PASSÉ

Qu'ague rendu		aue j'aie rendu
qu'agues	»	que tu aies rendu
qu'ague	»	qu'il ait rendu
qu'aguen	»	que nous ayons rendu
qu'agués	»	que vous ayez rendu
qu'agon	»	qu'ils aient rendu.

PLUS-QUE-PARFAIT

Qu'aguèsse agu rendu			que j'eusse eu rendu
qu'aguèsses	»	»	que tu eusses eu rendu
qu'aguèsse	»	»	qu'il eût eu rendu
qu'aguessian	»	»	que nous eussions eu rendu
qu'aguessias	»	»	que vous eussiez eu rendu
qu'aguèsson	»	»	qu'ils eussent eu rendu.

MODE INFINITIF

PRÉSENT OU FUTUR		PASSÉ
Rèndre	rendre.	*Acé, agué rendu*, rendu.

MODE PARTICIPE

PRÉSENT OU FUTUR		PASSÉ
Rendènt	rendant	*Acènt, aguènt rendu*, avoir rendu.

PASSÉ SIMPLE

Rendu, udo, Rendu, ue

Conjugaison unique.

135. Les verbes sont conjugués en prenant pour terminaisons celles du verbe *avé*, avoir : *Aviéu, aviés, avié, avian, avias, avien* donnent *finissiéu, finissiés, finissié, finissian, finissias, finissien; rendiéu, rendiés, rendié, rendian, rendias, rendien.*

136. Il y a exception pour l'imparfait des verbes de la 1re conjugaison, *ama*, aimer, qui, à ce temps, prennent les terminaisons du présent de l'indicatif: *amave, amaves, amavo, amavian, amavias, amavon,*

137. A l'indicatif présent, la 1re personne de tous les verbes est terminée par *e* : *ame*, j'aime ; *finisse*, je finis ; *rènde*, je rends, et la 3e personne des verbes en *a* se termine par *o* : *amo*, il aime, tandis qu'à la 2e conjugaison, les verbes en *i* se terminent par *s* : *finis*, il finit, et ceux en *re*, généralement par la dernière consonne du radical : *rènd*, il rend ; *saup*, il sait.

138. Toutes les autres lettres finales des personnes, des temps et des modes sont exactement les mêmes que celles du verbe *avé*, avoir. On peut donc conjuguer tous les verbes en ajoutant au radical ces terminaisons de *avé*.

Voix.

139. Voix active.– Sens transitif.— Cette forme suit la conjugaison modèle en *a, i, e* : *Lou paisan semeno, planto e recordo;* le paysan sème, plante et récolte.

140. Sens intransitif. — Le verbe n'a pas de complément direct : *Rison coume de folo,* elles rient comme des folles.

141. Verbes neutres, conjugués avec l'auxiliaire *avé : camina,* cheminer, *ai camina,* j'ai cheminé ; *courre,* courir ; *dourmi,* dormir ; *pati,* souffrir ; *viéure,* vivre.

Verbes neutres qui prennent l'auxiliaire *èstre :* *ana,* aller : *sias ana,* vous êtes allés ; *arriva,* arriver ; *espeli,* éclore ; *mouri,* mourir ; *viéure,* vivre ; *naisse,* naître ; *parti,* partir ; *veni,* venir.

142. Voix passive. — On conjugue le verbe de cette forme en plaçant le participe passé après chacune des personnes du verbe auxiliaire *èstre* ; tous les temps sont composés : *Es perdouna,* il est pardonné ; *que siegue esta clafi,* qu'il ait été rempli outre mesure.

143. Voix réfléchie. — Le verbe est conjugué avec l'auxiliaire *èstre : Andreloun s'es teisa,* le petit André s'est tu. Le complément est toujours un pronom : *Me siéu,* je me suis, *te siés,* tu t'es, *s'es,* il s'est, *se sian,* nous nous sommes, *vous sias,* vous vous êtes, *se soun penti,* ils se sont repentis.

Ces verbes *teisa, penti* sont essentiellement réfléchis.

144. Sens réfléchi passant à l'actif et changeant la forme : *Li flour soun passido pèr la caumo ;* les fleurs sont flétries par la grande chaleur. Le complément du verbe peut en devenir le sujet : *La caumo passis li flour.*

145. Verbe accidentellement réfléchi. — *Se saran embarra,* ils se seront enfermés ; *em-*

barro lou fen, enferme le foin, est la forme active de *embarra*.

146. Verbe réciproque. — Les sujets du verbe font l'action l'un sur l'autre. *Pèire e Jóusè s'amon coume dous fraire*, Pierre et Joseph s'aiment comme deux frères

147. Verbe unipersonnel. — Il n'a jamais pour sujet une personne, et il n'admet que la 3e personne grammaticale : *jalo*, il gèle ; *blasinejavo*, il bruinait ; *soulèiò*, il fait soleil ; *es necite*, il est nécessaire.

148. Conjugaison interrogative. — La conjugaison des verbes provençaux n'ayant pas de sujet exprimé, ils ne changent pas de forme en devenant interrogatifs. On les distingue par le ton en parlant, et en écrivant, par le point d'interrogation : *Vènes*, tu viens; *vènes ?* viens-tu ? *sourtiran*, ils sortiront; *sourtiran ?* sortiront-ils ?

149. Conjugaison négative. — On exprime la négation au moyen des mots *ges* et *pas*, sans l'équivalent de *ne* dans la locution négative en français : *vole pas*, je ne veux pas ; *as ges agu de sòci*, tu n'as pas eu d'associé.

150. Verbes irréguliers. — Les terminaisons de ces verbes sont celles du verbe *avé*, excepté pour un petit nombre de temps et de personnes (voir nº 136), ainsi que pour quelques participes passés.

Infinitif	Indicatif présent	Imparfait	Passé défini	Futur	Conditionnel	Impératif	Subjonctif présent	Participe présent	Participe passé
Verbes en a									
Ana, aller	vau, vas, vai, anan, anas, van					vai, anen, anas	qu'ane ou que vaque		
Verbes en i									
Dourmi, dormir	dorme, dormes					dorme ou dor	que dorme, dormes, dorme, dourmen, dourmés, dormon.		
Oufri, ofrir	oufre, oufres, oufro, oufren, oufrès, oufron	oufriéu ou oufrissiéu							
Sourti, sortir	sorte, sortes, sort, sourtén, sourtès, sorton					sorte, sourten, sourtés		sourtent	
Teni, tenir	tène		tenguère	tendrai	tendriéu	tén ou tene	que téngue		tengu, do
Veni, venir	vène		venguère	vendrai	vendriéu	vène	que véngue		vengu, do
Verbes en é									
Falé, falloir	fau		faugue	faudra	faudrié		que faugue		faugu
Poudé, pouvoir	pode, pos, póu, poudén, poudès, podon		pousguère	poudrai ou pourrai	poudriéu ou pourriéu		que posque		pouscu, do
Sabé, saupre, savoir	sabe, sabes, saup, sabén, sabés, sabon		saupeguère	sauprai	sauriéu	saches	que sache ou saupe		sachu, do
Valé, valoir	vale, vales, vau		vauguère	vaudrai ou vaurrai	vaudriéu ou vaurriéu	vale	que vaugue		vaugu, do
Voulé, vouloir	vole, vos, vou, voulen, voulés, volon		couguère	voudrai ou vourrai	voudriéu ou vourriéu	vogues	que vogue		vougu, do
Verbes en e									
Absoudre, absoudre	absoune, absoures, absóu, absiuvén	absiuciéu	absioguère	absioudrai	absioudriéu	absioure	qu'absiougue	absiourént	absóut, óuto
Adurre, apporter	aduse, aduses, adus	adusiéu	aduguère	adurrai	adurriéu	adus ou aduse	qu'adugue	adusént	adu, cho
Beure, boire	beve, beves, béu	beviéu	beguère	béurai	béuriéu	béu ou beve	que begue	bevént	begu, do
Claure, clore	clause	clausiéu	clauseguère	claurai ou clauseirai	clauriéu ou clauseiriéu		que claugue	clausént	claus, o
Couire, cuire	cose, cosrs, coui, cousen, cousés, coson	cousiéu	couseguère	couseirai ou couirai	couseiriéu ou couiriéu	cose	que cose	cousént ou couiént	cousegu, do

Infinitif	Indicatif présent	Imparfait	Passé défini	Futur
Counéisse, con-naitre	counéisse		couneiguère	couneirai ou couneisserai
Cregne, craindre	cregne	cregniéu	cregneguère	gregnirai
Crèire, croire	crese, creses, créi	cresiéu	creseguère	
Crèisse, croître	crèisse, crèisses, crèis	creissiéu	crcisseguère	creissirai
Déure, devoir	dève	deviéu	deguère	déurai ou devrai
Escriéure, écrire	escrive	escriviéu	escriguère	escriéurai
Faire, faire	fau, fas, fai, fasèn, fasès, fan	fasiéu	faguère	farai
Fouire, fouir	fose, foses, foui, fousèn, fouses, foson	fousiéu	fouseguère	fouserai
Jaire, gésir, reposer	jaise, jaises, jais, jasèn, jarès, jaison ou jason	jasiéu	jaguère	jairai
Metre, mettre et ses composés	mete	metiéu	meteguère	metrai
Mòurre, moudre	mole, moles, mòu, moulèn, moulés, molon	mouliéu	mouguère	mòurrai
Mòure, mouvoir	move, moves, mòu, mouvèn, mouvès, movon	mouviéu	mouguère	mòurai
Mòuse, traire	mòuse	mòusiéu	mòuseguère	mòuseirai ou mòuserai
Naisse, naître	naisse	neissiéu	neisseguère	neissirai
Nouire, nuire	nouise	nouisiéu	nouiguère ou nouiseguère	nouirai
Paisse, paître	paisse	peissiéu	peisseguère	peissirai
Plaire, plaire	plaise	plasiéu	plaseguère	plaseirai
Plòure, pleuvoir	plòu	plóuvie	plóugué	plóura
Prendre, prendre	prene	preniéu	prenguère	prendrai
Traire, jeter	trase, trases, trai ou trais	trasiéu	traguère	traserai ou treirai
Vèire, voir	vese	vesiéu	veguère	veirai
Viéure, vivre	vive	viviéu	visquère	viéurai
Vincre ou venci, vaincre	vince ou vencisse	vinciéu ou vencissiéu	vinceguère ou venciguère	vinceirai ou vencirai

Conditionnel	Impératif	Subjonctif présent	Part. présent	Participe passé
couneiriéu ou couneisseriéu		que couneigue, que couneiguen	couneissènt	couneigu, do
cregniriéu	cregne	que cregne	cregnènt	creat, o
	crèi ou crese	que creigue ou cresegue	cresènt	cresegu, do
creissiriéu	crèisse	que crèisse	creissènt	creissu, do
déuriéu ou devriéu	deves	que degue	devènt	degu, do
escririéu	escriéu	qu'escrigue	escrivènt	escri, icho
fariéu	fai, fasen, fa-ses	que fague	fasènt	fa, acho
fouseriéu	fose	que fose	fousènt	fousegu do
jairiéu	jais	que jague	jasènt	jagu, do
metriéu	mete	que mete, que meten ou meteguen	metènt	mes, esso
mòurriéu	mole	que mole	moulènt	mòut, o; mòutu, do
mòuriéu	mòu ou move	que mòugue	mouvènt	mougu, do
mòuseriéu	mòuse	que mòuse, que mòusen ou mòuseguen, que mòusegués, que mòuson.	mousènt	mous, o
neissiriéu		que naisse ou q. nasque, que neissen ou neisseguen, q. neissés ou neissegués	neissènt	nascu, do
nouiriéu	nose	que nouigu	nouisènt	noui ou nouisegu
peissiriéu	paisse	que paisse, que peissen	peissènt	peissu
plaseiriéu	plais	que plaigue	plasènt	plasegu
plóurié		qve plòugue	plouvènt	plóugu
prendrié	pren ou prene	que prengue	prenènt	pres, esso
traseiriéu ou treiriéu	trase ou trai	que trague	trasènt	tra, cho
veiriéu	ve, veguen, vesès ou vés	que vegue	vesènt	vist, o
viéuriéu	vive	que visque	vivènt	viscu, do
vinceiriéu ou venciriéu	vince	que vince ou que vencigue	vincènt ou vencissènt	vincu, do

Formation particulière de quelques verbes.

Le participe présent des verbes terminés par *a*, fait *ant* : *cala*, céder, *calant* ; celui des verbes terminés par *e*, fait *ènt* : *recebe*, recevoir, *recebènt*.

Les verbes en *i* forment le participe présent en *ènt* : *ausi*, entendre, *ausènt* ; *manteni*, maintenir, *mantenènt* ; *espóuti*, broyer. *espóutissènt* ; sont exceptés les verbes terminés par *li*, *ri*, et quelques-uns par *ti*, *vi* dont les participes sont généralement terminés en *issènt* : *trefouli*, tressaillir, *trefoulissènt*; *nourri*, nourrir, *nourrissènt* ; *pati*, souffrir. *patissènt* ; *esbalauvi*, éblouir, *esbalauvissènt*.

REMARQUE — Dans ce dernier cas, l'*i* n'est pas précédé de deux consonnes différentes comme dans *parti*, partir, *partènt*.

151. Les verbes en *a* et en *i* conservent cette voyelle au participe passé : *esparpaia*, éparpiller ; *espóuti*, réduire en pàte ; ceux en *e* changent généralement cette voyelle en *u* : *semoundre*, offrir, *semoundu (semoundre aqu)*.

Au présent de l'indicatif, on remplace dans les verbes en *aire*, l'*i* et l'*r* par *u* ou *s*, à l'exception de la 3ᵉ personne du singulier qui supprime l'*r* seulement : *faire*, faire, *fau*, je fais, *fas*, *fai*, *fasèn*, *fasès*, *fan* (avec suppression de *i* et de *r*) ; *traire*, jeter, *trase*, je jette, *trases*, *trai* ou *trais*, *trasèn*, *trasès*, *trason*.

152. Pour former la deuxième personne du singulier de l'impératif, on prend la 3ᵉ de l'indicatif présent : *signo*. signe ; *garis*, guéris ; *pren*, prends ; ces deux verbes et quelques autres en *e* et en *i* ont une deuxième forme : *garisse*, *prene*.

153. Les troisièmes personnes de l'impératif sont tirées du subjonctif présent : *Vèngue*, qu'il

vienne ; *passon,* qu'ils passent ; dans ce cas, la prière ou le commandement sont adressés d'une manière indirecte.

154. La 1re personne du pluriel au même mode est aussi tirée du subjonctif : *canten,* chantons ; *embeliguen,* embellissons.

155. A l'impératif, on emploie, pour la deuxième personne du pluriel, celle de l'indicatif : *cridas,* criez ; *fugissès,* fuyez ; mais avec une tournure négative, on emploie le subjonctif : *cridés pas,* ne criez pas ; *fugiguès pas,* ne fuyez pas.

REMARQUE I. — L'adoucissement du son *a* en *e,* de *iuen* en *iun,* de *ò* en *ó,* *ou* et de *uò* en *u,* a lieu, dans quelques verbes : *naisse,* naître, *neissòu,* nous naissons ; *aliuencho,* il éloigne. *aliuncha,* éloigner ; *biòulo,* il beugle, *biòula,* beugler ; *bordo,* il borde, *bourda,* border ; *enjuòio,* il séduit. *enjuia,* séduire.

REMARQUE II. — La comparaison de la langue provençale et de la langue française fait éviter une foule d'incorrections relativement aux conjugaisons interrogative et négative.

REMARQUE III. — Pour apprendre rapidement une langue, il faut s'exercer beaucoup à la conjugaison des verbes sous les formes positive, négative, interrogative (au sens positif, puis au sens négatif) et interjective.

156. **Locution verbale.** — La locution verbale est une réunion de mots équivalant à un seul verbe : *manda souna,* envoyer chercher ; *avé d'èstre,* pouvoir arriver ; *ana vèire vendemia,* aller voir vendanger ; *voulé faire sega,* vouloir faire faucher; *subre-nouma* surnommer ; *ana de guingoi,* aller de travers.

CHAPITRE V. — **L'ADVERBE.**

157.   1° Adverbes de lieu.

Alentour, alentour, autour.
Amount, amoundaut, là-haut.
Aperamount, par là-haut.
Apereiçamount, par ici en haut.
Apereilamount, par là en haut.
Apereiçabas, apereiçavau, par ici en bas.
Apereilabas, apereilavau, par là en bas.
Apereici, par ici.
Apereila, par là.
Apereilalin, par là-bas au loin.
Aqui, aquito, là.
Aut, haut.
Bas, bas,
Darnié, darrié, derrière.
Davans, devant.
Dedins, dintre, dedans.
Deforo, dehors.
Dessouto, dessous.
Dessus, dessubre, dessus.
Eiça, de ce côté-ci, de-çà.
Eici, eicito, ici.
Eila, là.
Eiçamount, eiçamoundaut, ici en haut.
Eilamount, eilamoundaut, là en haut.
Eiçabas, eiçavau, ici en bas.
Eilabas, eilavau, là en bas.
Foro, hors, dehors.
Ié. y.
Liuen, loin.
Ounte, mounte, vounte, où.
Pertout, partout.
Près, près.
Proche, proche.

Quatecant, aussitôt.
Su, subre, sur.
Subran, soudainement.
Vaqui, vaquito, voilà.
Veici, veicito, voici.

2° Adverbes de temps.

Adeja, deja, déjà.
Adematin, ce matin
Adès, naguère, tantôt.
Aièr, ièr, hier.
Alor, alouro, alors.
Apéravans, peravans, auparavant.
Antan, l'an passé, jadis.
Aniue, cette nuit.
Aro, maintenant.
Deman, demain.
De matin, ce matin.
Desenant, désormais, dorénavant.
Entanterin, enterin, pendant ce temps.
Entremen, entandi, entandóumens, en atten-
  dant, cependant.
Jamai, jamais.
Lèu, vite.
Ougan, cette année.
Perfés, parfois.
Quand, quouro, lorsque, quand.
Quatecant, aussitôt.
Sèmpre, toujours.
Subran, inopinément.
Sutamen, sute, soudainement.
Tantost, tantôt.
Tout-cop, aussitôt.
Toujour, toujours.
Toustèms, en tout temps.

3° **Adverbes de quantité**.

Autant, autant.
Basto, assez
Bravamen, beaucoup.
Demasiadamen, démesurément.
Entieramen, entièrement.
Enviroun, environ.
Forço, beaucoup, très.
Majamen, principalement
Plus, *plu*, *pus*, *pu*, plus.
Mens, moins.
Pau, peu.
Peréu, aussi.
Proun, assez.
Quasimen, *quàsi*, presque.
Quant, combien, que.
Gaire, guère
Mai, davantage.
Soulamen, seulement
Tant, tant.
Tastarin, tant soit peu.
Trop, trop.

4° **Adverbes de manière**.

Autambèn, *tambèn*, aussi bien.
Bèn, bien.
Coume, comment.
Talamen, tellement.
Vitamen, vitement.
Voulountié, volontiers.
Sajamen, sagement,
　　et les autres formés d'un adjectif qualificatif auquel on ajoute la terminaison *men*, après avoir changé l'*o* du féminin en *a*.
Siavet, doucettement.

5° **Adverbes d'ordre, de rang.**

Avans, avant.
Après, après.
Darnieramen, darrieramen, dernièrement.
Pièi. puis.
Premieramen, proumieramen. premièrement.
Segoundamen, secondement.
Tresencamen, troisièmement,
   etc.

6° **Adverbes d'affirmation.**

Certanamen, certainement.
Certo, certes.
O, vo, si, oui.
Segur, sûrement.
Seguramen, assurément.

7° **Adverbes de doute.**

Belèu, bessai. peut-être.

8° **Adverbes de négation.**

Gens, ges, point.
Nàni, noun, nenni, non.
Nulamen, nullement.
Pas, ne pas.
Pas gens ou *ges.* ne point.
Que, ne que.

9° **Adverbes de restriction.**

Pamens, cependant.
Touto fes, toutefois.
Partidamen, partiellement,
Soulamen, seulement.

10° **Adverbes d'addition et de ressemblance.**

Atout, aussi, de même.
Ansin, ainsi.

Aussi, aussi.
Mème, memamen, même.
Tambèn, aussi bien.
Peréu, aussi, pareillement.

11° Adverbe d'union.

Ensèmble, ensemble.

12" Adverbes de différence.

Autramen, autrement.
Diferentamen, différemment.

13° Adverbes de comparaison.

Autant, autant.
Mai, plus.
Mens, moins.
Miéus, miés, mieux.
Puléu, plutôt.

14° Adverbe d'extension.

Encaro, encore.

15° Adverbe de cause.

Bonadi, heureusement.

16° Adverbe d'opposition.

Countrarimen, contrairement.

17° Adverbes d'exclusion.

Foro, franc, hors, hormis.

158. Degrés de signification.

La formation de ces degrés est comme celle des adjectifs qualificatifs :

Comparatifs.

Autant gaiardamen, aussi gaillardement.
Mens couralamen, moins cordialement.
Mai gentamen, plus gentiment.

Superlatifs.

Absolu : *forço bèn*, très bien ; *mai que poulit*,
  parfaitement joli.
Relatif : *lou pu rufe*, le plus rude ; *la mens bèn
  capitado*, la moins bien réussie.

159. ***Formation particulière***.

Bèn, bien ; *miéus, miés*, mieux ; *lou miéus*,
  le mieux.
Bon, bon ; *meiour, plus bon*, meilleur ; *lou
  meiour, lou plus* ou *pu bon*, le meilleur.
Mau, mal ; *pire*, pire ; *au pire*, au pis.
Forço, beaucoup ; *mai*, plus ; *lou mai*, le plus.
Pau, peu ; *mens*, moins ; *lou mens*, le moins.

160. **Locutions adverbiales**.

A boudre, à foison, pêle-mêle.
A jabo, à profusion.
A bèl èime, à profusion.
A bèl esprèssi, expressément.
A brand, en branle.
A cabrinet, sur le dos.
A cha dès... vint... cènt, par dix... vingt... cent.
A cop segur, à coup sûr..
Aro-just, aro-tout-just, à l'instant même, il
  n'y a qu'un instant.
A gratis, gratuitement.
A la dessaupudo, à l'insu.
A la fin, à la forço, enfin.

A la un, à la dous, en un, en deux coups.
A l'asard, au hasard.
A la lèsto, vivement.
A la perfin, à la fin des fins.
A l'esquichèti, strictement.
A leva, hormis.
A l'endavans, au devant.
A l'escandau, à la mesure.
A l'ouro d'aro, à cette heure-ci.
A passa tèms, autrefois.
A peno, à peine
A pléni man, à pleines mains.
Au contro, au contraire.
Au-mai, d'autant plus.
Au fin founs, dans la profondeur.
Au mens, moins.
Aqui-dedins ou *dintre,* là-dedans.
Aqui-deforo, là-dehors.
Aqui-de-long, là le long.
Aqui-contro, là contre.
A tèms o tard, tôt ou tard.
A touto zurto ou *zuerto,* inconsidérément.
Autre tèms, autrefois
Avans-ièr, avant-hier.
Bèn-lèu, bientôt.
Bèn-mai, bien plus
Bèn-tant, bèu-cop, beaucoup.
Bèn talamen, tellement.
Bono-di, heureusement.
Chan-chan, en clopinant.
Cauto-cauto, secrètement.
D'aboucoun, d'abouchoun, la face contre terre.
D'anqueto, clopin-clopant.
D'à-founs, entièrement.
D'à pauto, à pattes.

D'aqui-aqui, de là, là, d'un moment à l'autre,
   rapidement.
D'aqui-en-foro, à partir de là.
D'aro-en-avans, d'aro-en-la, dorénavant.
D'ausido, soudainement.
D'aut, en haut.
De-bado, en vain.
De-bèu cop, de bèlli fes, bien des fois.
De-bescaire, de travers.
De-biais, du bon côté.
De cauto-cauto, en cachette.
De-cantèu, obliquement.
De-clinoun, incliné.
De-contro, tout auprès.
De-coucha, en étant couché.
De-coucho, à la hâte,
De-countùnio, continuellement.
De -cop, de fes que i'a, quelquefois.
De dela, au-delà.
De-dre, étant droit.
D'escambarla, d'escambarloun, à califourchon
D'escoundoun, en cachette.
D'esquino, de-revès, à la renverse.
De-fes, parfois.
De-filo, consécutivement.
De-fres, fraîchement,
De ges de biais, de ges de modo, aucunement.
De-jour, le jour.
De la man d'eiça, de ce côté-ci.
De la man d'eila, de ce côté-là.
De-leva, en étant levé,
De-liga, étant lié.
De-long, le long.
De-longo, sans cesse.
De-mai. de plus.

De-mens, de moins.
De-nàni, de rien.
De-niue, la nuit.
De-nòu, à neuf.
De bono ouro, de bonne heure.
D'ouro, matin.
De-plega, étant plié.
De-plegoun, les yeux fermés.
De quand, du temps où.
De-revès, au rebours.
De-reveiroun, par le dos.
De-rebaloun, de-rebaleto, en rampant.
De-soubro, de reste, superflu.
De-peravans, auparavant.
Dins tout, de même
D'en premié, en premier lieu.
D'en seguido, à la suite.
D'en darrié, en dernier lieu, d'en.
D'en tant lèu, un peu plus.
Diéu-merci, Dieu merci.
Dóu-tèms, pendant, pendant ce temps.
En bon besoun, au besoin.
Encaro pu pau, encore moins.
Eici, eila-dedins ou *dintre*, ici, là-dedans.
Eici-contro, ci-contre.
Eici ou *eila deforo*, ici *ou* là-dehors.
En chancello, avec hésitation.
En-la, en delà.
En efèt, d'efèt, en effet.
En-liò, en-liò mai, nulle part.
En premié, premièrement,
En seguido, ensuite
En darrié, dernièrement.
Entre-tèms, pendant ce temps.
Fèbre-contùnio, continuellement.

Just à just, just e just, tout juste.

Long, de long, dóu long, le long ; *tout de long,*
   tout le long ; *tout dóu long*, tout du long.

Lou pu pau, le moins.

Mai-que-mai, mai que pas ges, plus que personne.

Mai o mens, plus ou moins.

Malo-di, malheureusement

Mant-un cop, maintes fois,

N'en vos, n'en vaqui, à volonté.

Ni-mai, non plus.

Ni mai ni mens, ni plus ni moins.

Ni en tant ni en quant, en aucune façon.

Noun-soulamen, non-seulement.

Pan pèr pan, de point en point ; *à cha pau*, peu-
   à-peu.

Plan-plan, plan-planet, tout doucement.

Pèr amor, à l'amiable.

Pèr ausi dire, par ouï dire.

Pèr tèms, parfois.

Pèr lou mai, lou mens, tout au plus, tout au
   moins.

Pu lèu, plutôt.

Quand-e-quand, tout de suite.

Que mai, de plus en plus.

Riboun-ribagno, bon gré, mal gré.

Si bèn, oui vraiment.

Se'n cop, s'un cop, quand.

Souvènti-fes, souvent.

Sus-lou-cop, sur le champ.

Tant-à-tant, tant-e-tant, à deux jeux.

Tant e mai, tant-e-pièi mai, tant et plus.

Tant pèr tant, tout juste.

Tant que, en grand nombre.

Tant miéus ou *miés*, tant mieux.

Tant pis, tant pis.

Tarabin-taraban, avec grand fracas.
Tard o tèms, uno fes dóu tèms, tôt ou tard.
Tèms pèr tèms, saison par saison.
Tout à-n-un cop, tout-à-coup.
Tout au contro, tout au contraire.
Tout-aro, tout à l'heure.
Tout au mai, tout au plus.
Tout-cop, aussitôt.
Tout de bon, tout de bon.
Tourna-mai, de nouveau.
Tout-d'un-cop, tout pèr un cop, tout d'un coup.
Tout-just, tout-bèu-just, tout juste.
Tout plen, surabondamment.
Touto-fes, toutefois.
Tras-ouro, à une heure indue.
Un cop, uno fes, autrefois, jadis.

CHAPITRE V. — **LA PRÉPOSITION.**

161. Les prépositions sont :

A, à.
Après, après.
Auprès, auprès.
Avans, avant.
Contro, contre.
Davans, devant.
Darrié, derrière.
Dins, dintre, dans.
De, de.
Desempièi, despièi, depuis.
Dessout, dessouto, dessoubre, dessous.
Dessus, dessubre, dessus.
Devers, vers.
Durant, durant.
Emé, avec.
En, en.
Enjusquo, jusque.
Entre, entre, dès.
Envers, envers.

Foro, hors.
Jusquo, jusque.
Leva, hormis.
Mau-grat, malgré.
Noun-oustant, non obstant.
Outro, outre.
Pèr, par, pour.
Permié, permiéi, par-mi.
Près, toucant, près.
Proche, proche.
Segound, selon.
Sènso, sans.
Souto, sout, sous.
Subre, sus, su, sur.
Tras, par delà.
Vers, vers.

162. **Locutions prépositives.**

A causo, en causo de, à cause de.
A coustat de, à côté de.
A defaut de, à défaut de.
A despart de, à part de.
Afin de, pèr afin de, afin de.
A flour de, à fleur de.
A forço de, à force de.
A l'endavans de, au devant de.
A l'entour de, autour de.
A mens de, à moins de.
A resoun de, à raison de.
A respèt de, à l'égard de, en comparaison de.
A l'abri ou *à la sousto de,* à l'abri de.
A l'egard de, à l'égard de.
A l'encontro de, à l'encontre de.
A l'eicecioun de, à l'exception de.
A l'esclusioun de, à l'exclusion de.
A la dessaupudo de, à l'insu de.
A la favour de, à la faveur de.
A la merci de, à la merci de.
A la modo de, à la mode de.
A mand de, sur le point de.
A rèire de, derrière.
Au vers de, en comparaison de.

A ribo de, auprès de.
Au milan de, au milieu de.
Au près de, au prix de.
Au travers ou *travès de,* au travers de.
Au péd de, au pied de.
D'aprés, d'après.
D'entre, d'entre.
De darrié, de pèr darrié, de derrière.
De davans, de devant.
De dessouto, de dessous.
De dessus, de dessus.
De la man d'eiça, de ce côté-ci.
De la man d'eila, de ce côté-là.
De long de, le long de.
Detras, derrière.
Eiça de vers, ici vers.
Eila *de vers,* là vers.
Encò de, chez, vers.
En-dedins de, en dedans de.
En-foro de, en dehors de.
En-dessus de, au-dessus de.
En-dessout de, au-dessous de.
En mau despié de, en grand dépit de.
En fàci de, en face de.
En favour de, en faveur de.
Enjusqu'à, fin à, fin-qu'à, jusqu'à.
En mau despié de, en dépit de.
Fauto de, faute de.
Fin que de, jusqu'à.
Foro de, hors de.
Franc que de, franc de, sauf.
Is enviroun de, aux environs de.
Jusqu'à, jusqu'à.
Jusquo dins, jusque dans.
Jusqu'en, jusqu'en.

Jusquo su, jusque sur.
Liogo de, au lieu de.
Liuen de, loin de.
Outre de, outre que.
Pèr amor de, à cause de.
Pèr darrié de, par derrière.
Pèr davans de, par devant.
Pèr dessus de, par dessus de.
Pèr dessout de, par dessous de.
Pèr quant à, quant à, quant à.
Proche de, proche de.
Vis-à-vis de, vis-à vis de.

Chapitre VI. — **LA CONJONCTION**.

163. Conjonctions de coordination. — Les différentes espèces de conjonction de coordination sont :

1° **Causales** :

Car, car ; *que, doumaci,* car. parce que.
Pièi-que, puisque.

2° **Additionnelles** :

E, et.
Em'acò, avec cela.
Emai. et (de plus), quoique.
Ni, nimai, ni.
Or, or.

REMARQUE. — *Emai,* au sens additionnel, ajoute celui d'opposition : *Lou vendrié pas emai fuguèsse au pes de l'or,* il ne le vendrait pas, quoique ce fût au poids de l'or.

3° **Illatives** (ou de conclusion) :

Adounc, aladounc, dounc, donc.
Aussi, aussi.
Ansin, ainsi.
Peréu, aussi.

4° **Alternatives** :

O, ou.
Autramen, autrement.

5° **Adversatives** :

Emai, bien que.
Mai, mais.
Touto fes, toutefois.

6° **Restrictives** :

Pamens, pourtant.
Maï que, pourvu que.

164. **Conjonctions de subordination**.

Coume, comme ; *encaro,* encore ; *quand,* quand ; *quouro,* lorsque ; *que,* que ; *se,* si ; *se-noun,* sinon.

165. **Locutions conjonctives**.

1° **Concessive** :

Emai que, bien que, quoique.

2° **Exclusives** :

I'a qu'éu que, il n'y a que lui qui.
Lou mai que, le plus que.
Lou mens que, le moins que.
Pas mai que, pas plus que.
La soulo fes que, la seule fois que.

3° Enonciative :

(Ametènt) que, (admettant) que.

4° Indicatives du but :

Afin que, à souleto fin que, afin que.

166. Autres locutions conjonctives.

Alors que, alors que.
A mens que, à moins que.
Après que, après que.
A raport que, pèr raport que, pàr rapport que.
Avans, davans que, avant que.
Coume que, de quelque manière que.
D'abord que, puisque.
D'à mesuro ou *à mesuro que*, à mesure que.
D'aqui-que, jusqu'à ce que.
De modo que, de manière que.
De bado que, quoique.
De crento que, de crainte que.
De sorto que, de sorte que.
Dóu tèms que. pendant que.
Emai que, et que.
Enjusquo que, jusqu'à ce que.
Enterin que, pendant que.
Entre ou *tre que*. dès que.
Maugrat que, quoique.
Noun pas que, au lieu que. tandis que.
Mentre que, dóu tèms que, pendant que.
Pèr-ço-que, parce que.
Pas tant que, pas autant que.
Pèr fin ou *afin que*, afin que.
Pèr lou mai que, pour le plus que.
Pèr lou mens que, pour le moins que.
Pèr pau que, pour peu que.

Pèr que, pour que.
Pèr tant que. pour tant que.
Quouro que, à quelque moment que.
Senoun, sinon.
Sènso que, sans que.
Sufis que, il suffit que.
Talamen que, tellement que.
Tant que, tant que.

———

CHAPITRE VIII. — L'INTERJECTION.

167. Les principales interjections sont :

1° **De joie** : *Ah ! ha ! he ! eh ! hoi !* oh ! *ho !*

2° **De désir** . *Basto !* plût à Dieu !
temps !

3° **De crainte** : *Ai !* aïe ! *ah !* ah ! *he !* hé !
ho ! ho ! oh !

4° **De douleur** : *Ai ! aisso ! houi ! oui* ! ouf !

5° **De compassion** : *Ai ! las ! ah ! las ! las !*
hélas ! eh ! las ! hélas ! *pecaire !* pauvret !

6° **D'admiration et de surprise** : *Ah !* Ah !
boudiéu ! bon Dieu ! *pardinche !* parbleu ! *càspi ! caspitello !* certes ! morbleu ! dame ! *hèi ! hoi ! hòu !* hé ! holà ! oh ! *tè !* tiens !

7° **D'aversion** : *Aisso !* loin de moi ! *bouai ! bèh !* pouah ! *chèi !* laissez-donc ! *i ! isso !* hue ! fi
donc ! *malavalisco !* fi ! foin !

8° **D'indifférence** : *Hòu !* hé ! hein ! *pòu !*
peuh !

9° *D'approbation* ; *Ato !* *eto !* certainement ! *osco !* bravo ! *vague !* soit !

10° *D'encouragement* : *Abrivo !* en avant ! *an !* allons ! *auto !* alerte ! *dau !* ferme ! *daut !* *daut !* allons debout ! *zòu !* sus ! vlan ! *tafort !* courage !

11° *D'appel* : *hola ! hè ! hèi ! hòu ! que !*

12° *De silence* : *chut !*

13° *D'arrêt* : *la !* là !

14° *D'effort* : *han !*

15° *Dexcitation* pour les animaux : *Dia !* à gauche ! *hopo !* hop ! *hu !* hue ! *irou !* à droite !

16° *D'affirmation* : *Pardinche ! pesqui !* parbleu !

17° *D'imprécation* : *Maugrabiéu !* maudit soit !

Locutions interjectives.

Ah bon ! ah bon ! *eh bèn !* eh bien ! *malan de sort !* sort maudit ! *que ! que ! que !* hé ! *à-Diéu-sias !* adieu !

DEUXIÈME PARTIE

LA PROPOSITION

Accord, Complément, Emploi Particulier,
Fonction, Place.

CHAPITRE I. — **LE NOM**.

Nombre.

168. Le nom reste toujours invariable au pluriel : *l'ome,* l'homme, *lis ome,* les hommes.

Complément,

169 Le nom prend l'adjectif qualificatif et le complément déterminatif.

Emploi particulier

170. *Gènt*, gens est quelquefois masculin au singulier : *Vèici un gènt coume se dèu,* voici une personne convenable. Il prend la signification de parents : *Jamai parlo mau de si gènt,* jamais il ne parle mal de ses parents. *Si bèlli gènt* est mis pour son beau-père et sa belle-mère.

171. *Pasco*, Pâques est toujours du féminin : *La Pasco di Jusiòu,* la Pâque des Juifs ; *faire si Pasco,* faire ses Pâques.

172. *Ordi*, orge ne s'emploie qu'au masculin : *Ordi bèn leva,* orge bien levée.

173. *Orgue*, orgue ne prend aussi que le masculin : *Ausirés ùni bèus orgue,* vous entendrez de belles orgues.

174. Quelques noms formés du participe passé s'en distinguent par le *t* final : *lou passat,* le passé ; *lou caladat,* le pavé ; *lou degut,* ce qui est dû ; *lou countengut,* ce qui est contenu ; *lou couscrit,* le conscrit.

Fonction.

175. Le nom peut être sujet, attribut, complément, et mis en apostrophe ou par apposition.

Chapitre II. - L'ADJECTIF QUALIFICATIF

Accord.

176. Les adjectifs placés après le nom sont toujours invariables au pluriel : *de droulas menèbre*, de gros garçons acariâtres ; *de pero boulido*, des poires bouillies.

177. Avant un nom pluriel, l'*e* ou l'*o* de la terminaison des adjectifs au singulier se changent en *i*, et l'on ajoute *s* devant une voyelle : *de bràvi pastre*, de bons bergers ; *de plénis escudello*, de pleines écuelles.

Complément.

178. Les compléments sont rapportés à l'adjectif par les prépositions *à, de, pèr.* par ou pour: *Madur à poun*, mûr à point, *jaune de coudoun*, jaune de coing ; *lèste pèr la fiero*, prêt pour la foire.

Emploi particulier

179. La pénultième des adjectifs qualificatifs prend sur la voyelle tonique, un accent aigu si l'*e* du singulier est fermé: *tudésqui barbarié*, tudesques barbaries ; grave, si l'*e* est ouvert : *de bèlli fes*, bien des fois ; de même pour l'*o* : *de lòngui charradisso*, de longues causeries. On met aussi un accent grave sur l'i tonique : *fìnis erbo*, fines herbes.

180. Pour éviter l'hiatus, on ajoute, dans ce cas, une *s* à l'adjectif terminé par *i* : *de lénis aureto*, de douces brises.

181. *Grand* peut rester invariable quand il est placé devant un nom : *de grand persouno*, de grandes personnes.

182. Les adjectifs terminés par une voyelle prennent une consonne euphonique devant l'*o* du féminin : *grè*, grec, *grèco*; *coussu*, opulent, *coussudo*. Il y a exception pour la voyelle *i*, dans quelques cas : *egrègi*, excellent, *egregio* ; *jòli*, joli, *jòlio*.

183. *Mié*, demi, ajoute un *j* avant l'*o* : *miejo*, demie, et il varie pour le genre lorsqu'il précède le nom : *uno miejo-ouro*, une demi-heure.

184. *Requist*, exquis, prend un *e* final devant les mots dont l'initiale est une consonne : *un requiste flasquet*, un petit flacon exquis.

185. Terminaisons féminines de quelques adjectifs :

a	*aco*	*fla*	flasque	*flaco*
aire	*arello*	*cantaire*	chanteur	*cantarello*
as	*asso*	*gras*	gras	*grasso*
at	*ado*	*muscat*	muscat	*muscado*
au	*alo*	*courau*	cordial	*couralo*
aus	*ausso*	*faux*	faux	*fausso*
èu	*èlo*	*crudèu*	cruel	*crudèlo*
isse	*isso*	*prefisse*	préfixe	*prefisso*
ime	*imo*	*carissime*	très cher	*carissimo*
os	*osso*	*gros*	gros	*grosso*
òu	*ovo*	*nòu*	neuf	*novo*
ut	*udo*	*agut*	aigu	*agudo*

REMARQUE I. — On ajoute une *s* euphonique aux adjectifs pluriels *bèu*, *fin*, *grand*; placés devant un mot à voyelle initiale : *si bèus iue*, ses beaux yeux ; *fins esprit*, fins esprits ; *grands ome*, grands hommes.

REMARQUE II. — Dans les locutions : *grand carriero*, grand'rue ; *grand gardo*, grand'garde, et autres semblables, cet adjectif ne prend pas l'*o* du féminin ; quand il est employé comme simple adjectif qui précède le nom, on peut supprimer l'*o* ou l'*i* : *grando* ou *grand bouco*, grande bouche; *gràndi* ou *grand pòchi*, grandes poches.

186. On emploie le superlatif absolu avec la terminaison *issime* : *clarissime*, très clair, illustre.

Fonction.

187. L'adjectif qualifie le nom ou en forme le complément déterminatif, ainsi que celui du pronom : *Quaucarèn de bèu*, quelque chose de beau.

Place.

188. Ordinairement l'adjectif qualificatif suit le nom, tandis que dans les langues du Nord, il le précède : *Castèu-nòu*, Neufchâteau ; *Port-nòu*, Nieuport.

CHAPITRE III. — **LE PRONOM PERSONNEL**

Emploi particulier.

189. *Nautre, vautre* sont une contraction de *nous autre, vous autre*. Devant un nom pluriel, on dit *nàutri, vàutri* : *nàutri, marsihés*, nous, marseillais ; *vàutri, parisen*, vous, parisiens.

Se est employé 1° pour *lou* : *Se saup*, on le sait ; 2° Pour *nous* : *S'amusan*, nous nous amusons.

190. *Ié*, y se rapporte aussi aux personnes : *Quéli bràvis istitutour avèn dins noste vilage! Ié levan tóuti lou capèu*. Quels bons instituteurs nous avons dans notre village ! Nous les saluons tous.

191. *Lou* est quelquefois mis pour le pronom démonstratif : *lou que t'amo es juste e bon*, celui qui t'aime est juste et bon.

192. *De iéu même*, de moi-même, se rend aussi par *d'esperiéu*, et ainsi de suite pour les autres personnes : *d'espertu, d'esperéu, d'espernautre, d'espervautre, d'esperéli*.

193. *N'en*, en. Ce pronom explétif ne garde que la partie *n'* devant un verbe commençant par une voyelle : *n'en vole*, j'en veux ; *n'ai*, j'en ai.

194. Le pronom *ié*, lui, elle, leur, eux, elles, s'intercale dans les deux parties : *n'i'en pourgiras*, tu lui en offriras.

195. Il y a élision de l'*e* dans *ié* devant les mots qui commencent par une voyelle : *i'aduse*, je lui apporte.

Place.

196 Lorsque deux pronoms, l'un complément indirect et l'autre complément circonstanciel, se rapportent au même verbe, on les met tous deux avant celui-ci, en commençant par le complément indirect : *la chatouno que n'i'an visto glena*, la jeune fille qu'on y a vue en glaner.

197. Avec les locutions verbales : *ana dire*, aller dire ; *falé faire*, falloir faire, etc., on place avant les verbes, les pronoms compléments indirects *ié*, y, à lui, à elle, à eux, à elles ; *te*, toi, *vóus*, vous : *te van dire quaucarèn*, ils vont te dire quelque chose ; *me ié falié faire uno ancoulo*, il me fallait y faire un contre-fort.

198. Le complément de personne passe avant le complément de chose, qu'il soit direct ou indirect : *baio-me-lou*, donne-le-moi ; *fai-ié-lou assaupre*, fais-le-lui savoir.

Quand il y a trois compléments, dont l'un est direct, on le place au milieu des deux autres : *en-rego-me-lou-ié*, enraie-le-moi-là.

199. *Ti* est une sorte de particule explétive susceptible d'être placée immédiatement après le verbe, à toutes les personnes, avec la forme interrogative : *Siéu-ti ?* suis-je ? *Sies-ti ?* es-tu ? *Es-ti ?* est-il ? *Sian-ti ?* Sommes-nous ? *Sias-ti ?* Etes-vous ? *Soun-ti ?* Sont-ils ?

Fonction.

200. Le pronom personnel est sujet, attribut, complément direct ou indirect.

Pléonasme.

201. *Te van passi ti lausié*, on va flétrir tes lauriers : Cette tournure provençale donne plus d'intensité à l'expression.

On donne encore un tour plus expressif à la possession en ajoutant un pronom complément déterminatif du nom : *sa cousino d'elo*, sa cousine.

Adjectifs et pronoms déterminatifs.

202.

Adjectifs :	Pronoms :
1° *Article.*	1° *Article.*
2° *Démonstratif.*	2° *Démonstratif.*
3° *Possessif.*	3° *Possessif.*
4° *Numéraux.*	4° *Numéraux.*
5° *Conjonctif.*	5° *Conjonctif.*
6° *Indéfini.*	6° *Indéfini.*

1° **Adjectif article**.
Accord.

203. Lorsqu'après avoir supprimé le nom que précède l'adjectif indéfini, celui-ci reste seul, il devient pronom. Les adjectifs et les pronoms indéfinis s'accordent en genre et en nombre avec le nom qu'ils déterminent ou dont ils tiennent la place.

Emploi particulier.

204. L'article peut être remplacé par le pronom *en* : *vènes d'en Durènço*, tu viens de la Durance. *Lou*, le, *la*, la, *li*, les, déterminent aussi les participes passés : *adusès que de fru chausi, voulèn pas li maca*, n'apportez que des fruits de choix, nous ne voulons pas ceux qui sont cotis.

205. Au lieu du nom complément, précédé du possessif, on emploie aussi ce nom avec l'article et le pronom personnel : *sarro-te lou fichu*, serre ton fichu.

206. On supprime quelquefois l'article devant le pronom numéral : *s'amerito de passa proumié*, il mérite de passer le premier.

Pronom article.
Place.

207. Le pronom article se place entre le verbe et l'adverbe : *ve-l'eici*, le voici.

208. Le pronom complément direct ou indirect se place avant ou après le verbe : *li van pessuga* ou *van li pessuga*, on va les pincer.

209. S'il y a deux compléments directs (pléonasme) pour une locution verbale, l'un se place avant elle et l'autre après : *l'an facho rebouli lou martire*, on lui a fait souffrir le martyre.

2º **Pronom démonstratif.**
Emploi particulier.

210. *Acò*, en termes familiers, désigne quelquefois une personne : *es un garçoun pas en peno de rèn ; acò vous charruio, vous rebroundo, vous meissouno coume lou proumié vengu di païsan ;* c'est un garçon qui n'est en peine de rien ; il vous charrue, vous émonde, vous moissonne comme le premier venu des paysans ; *acò es un perlet de chato,* c'est une petite perle de jeune fille.

211. On sous-entend *que soun.* qui sont, après certaines expressions commençant par *aquéu*, ce, *aquéli*, ces, suivis d'un adjectif qualificatif ou d'un participe passé : *aquélis estofo (que soun) gastado faran pas pèr tù,* ces étoffes qui sont gâtées ne feront pas pour toi.

On peut dire aussi avec l'ellipse : *aquéli gastado,* ces étoffes gâtées.

3º **Adjectif possessif.**
Emploi particulier.

212. *Soun*, son, *sa*, sa, *si*, ses, sont employés même quand le nom du possesseur est au pluriel : *an si cambo que podou plus li pourta,* ils ont leurs jambes tellement fatiguées qu'elles ne peuvent plus les porter.

Moun, mon, *toun*, ton, *soun*, son, déterminent les noms féminins commençant par une voyelle : *soun aleto,* sa petite aile.

Pronom possessif.
Emploi particulier.

213 On emploie, *li tiéuno,* les tiennes, *li siéuno*, les siennes, dans un sens absolu : *fagues pas tant di tiéuno,* ne fais pas tant d'esclandre.

214. *Siéu* se met parfois à la place de l'adjectif possessif *si*, *ses* : *un siéu ami*, un de ses amis.

215. Le pronom possessif *miéu* devient adjectif : *fiéu miéu*, mon fils.

4° **Adjectif conjonctif.**
Emploi particulier.

216. Ils sont très peu usités et seulement dans les expressions d'affaires ou autres, si l'on veut leur donner plus d'intensité : *an louga un maset, lou quau maset es en ribo dóu Gardoun*, ils ont loué une petite maison de campagne, lequel *maset* est sur le bord du Gardon ; *debanarès l'estiganço d'uno talo diploumacìo, laqualo estiganço fara lis acord*, vous exposerez le motif d'une telle diplomatie, lequel motif déterminera l'accord.

Pronom conjonctif.
Emploi particulier.

217. *Que* marque la possession ou la relation circonstancielle : *l'eros que n'en siés lou felen*, le héros dont tu es le petit-fils ; *la terro que ié coutrejo*, la terre où il laboure ; *l'ermas que ié gardo si fedo*, la lande où il fait paître ses brebis.

5° **Pronom indéfini.**
Emploi particulier

218. *Aucun* n'est pas usité et *autru* l'est peu.

219. *Chasque* peut être complément circonstanciel distributif : *coupo dous bastounet e fai-ié tres osco en chasque*, coupe deux bâtonnets et fais-leur trois encoches à chacun.

220. *On* est rarement employé et toujours précédé de *l'* : *l'on vai, l'on vèn*, on va, on vient.

221. *Tout* se met devant *vautre*, vous autres : *tóuti vautre que sias eici*, vous tous qui êtes ici.

222. *Un* tient la place de *quaucun* : *un que ié logon soun oustau*, quelqu'un dont on loue la maison.

Chapitre IV. — LE VERBE.

Accord.

223. Le verbe *èstre*, être, malgré l'attribut pluriel, reste au singulier : *es vòstis ami*, ce sont vos amis ; *es vautre*, c'est vous.

224. Avec le collectif général, déterminé par l'article défini, c'est le nom collectif qui fait accorder le verbe : *la foulo dis ome counèis proun sa dignita*, la foule des hommes connaît assez sa dignité.

225. Avec le collectif partitif, déterminé par l'article indéfini, c'est le complément du collectif qui fait accorder le verbe : *un fube d'aubuso toumbavon dins la trencado*, une grande quantité d'obus tombaient dans les tranchées Il n'en est pas de même pour le collectif général, *la majo part, lou pu grand noumbre espelis*, la plupart, le plus grand nombre éclot (voir n· **224**).

226. Après les adverbes de quantité suivis d'un nom, le verbe s'accorde avec ce dernier : *forço vedèu fuguèron vendu*, beaucoup de veaux furent vendus.

227. *Mai que d'un*. plus d'un, fait accorder au singulier ou au pluriel : *mai que d'un cabussè* ou *cabussèron,* plus d'un tomba ou tombèrent tête première.

Complément.

228. Les divers compléments ont des règles analogues à celles du français.

Place.

229. La disposition du sujet du verbe et des compléments offre une grande variété ainsi que le montre la phrase suivante : *De matin – avans l'aubo – emé li cassaire – travessèron – en troupo-lèu-lèu – à grand galop – lou bos dis Esperbiero,* le matin, avant l'aube, avec les chasseurs, ils traversèrent en troupe, rapidement, le bois des Sorbiers.

230. On peut modifier la construction de la proposition en la commençant chaque fois par l'une des parties numérotées et en variant l'ordre des autres partie sans aucun changement dans les mots.

Formation de quelques verbes.

231. On ajoute au nom la terminaison *eja* : *viouloun,* violon. *viulouneja,* violonner ; *bano,* corne, *baneja,* pousser des cornes.

232. Si le nom est terminé par une *s,* cette consonne est doublée : *bras.* bras, *brasseja,* agiter les bras.

Emploi des auxiliaires

233. L'auxiliaire *èstre* sert à conjuguer ce verbe : *li sóudard prouvençau soun esta de la grand bataio de Verdun,* les soldats provençaux ont participé à la grande bataille de Verdun.

234 Le provençal emploie volontiers la forme réfléchie : *se languissié de lou vèire*, il lui tardait de le voir ; *se pensa*, penser ; *me siéu pensa*, j'ai pensé.

Accord.

Participe passé.

235 Le participe passé conjugué avec l'auxiliaire *èstre* s'accorde toujours avec le sujet : *s'es rèn facho mau*, elle ne s'est point fait mal.

236. Avec l'auxiliaire *avé*, le participe passé s'accorde si le complément *lou*, *la*, *li* est placé avant le participe : *la fourniero es vengudo; l'an visto?* la boulangère est venue, l'a-t-on vue ?

237. Si le complément direct est *que* placé avant le participe, celui-ci reste généralement invariable : *li fedo qu'an toundu*, les brebis qu'on a tondues.

Cependant on trouve dans la *Genèsi* de Frédéric Mistral l'accord suivant :

E lou jour seten, se (Diéu) repausè de touto l'obro qu'avié facho, et il se reposa le septième jour de toute l'œuvre qu'il avait accomplie. Presque tous les principaux félibres ont suivi cet exemple. La règle n'en subsiste pas moins.

Ce qui paraît leur donner raison, c'est l'usage dans les cas suivants :

238. Le participe passé suivi d'un infinitif s'accorde toujours avec le complément direct dont il est précédé : *li pero qu'an vougudo culi*, les poires qu'on a voulu cueillir. Ici, le provençal fait varier le participe en prenant pour son complément, non l'infinitif qui le suit, comme en français, mais le pronom *que*.

239. Il en est de même pour le participe passé *fa*. fait, précédant un infinitif : *li castagno qu'an facho grasiha*, les châtaignes qu'on a fait griller.

240. Si l'on emploie simultanément les auxiliaires *èstre*, *avé*. c'est le premier qui détermine l'accord : *Ié siés agudo estado i Sànti Mario, Lisa ?* Est-ce que tu es allée aux Saintes Maries, Elisa ?

Chapitre V. — **L'ADVERBE**.

Emploi particulier.

241. *Adès* et *tout-escas* se rapportent au passé, *tout-aro* indique le futur : *adès erias souna*, il y a un instant vons étiez appelé ; *tout-aro ié sian*, bientôt nous y sommes.

242. *Alin* peut prendre le préfixe composé *apereila*, qui perd alors l'a final *apereilalin* ou simplement *pereilalin*.

243. L'expression adverbiale est rendue plus intense par les préfixes *apèr*, *pèr* : *apereilamoundaut*, par là haut ; *peraqui*, par ici ; et les suffixes *to*, *daut* : *eicito*, ici ; *peramoundaut*, par là-haut. Dans ce cas *mount* adoucit le *t* en *d*.

244. Les adverbes *eici*, *eiça*, *eila*, sont quelquefois précédés de *aper*, *per* et suivis de *mount*, *daut*, *bas*, *vau* : *apereici*, *apereilamount*, *apereiçamoundaut*, *pereiçabas*, *pereilavau* ; *aqui*, là, n'a que deux préfixes : *peraqui*, *aperaqui*.

245. *Forço* et *gaire* s'appliquent préférablement au nombre, à la qualité et à la quantité : *i' a forço pèis*, il y a beaucoup de poissons ; *l'a gaire mourdu*,

Il ne l'a guère mordu ; *de forço, de gaire* se rapportent à l'action déjà exprimée par les verbes : *falé.* falloir ; *manca*, manquer : *se n'en manco de forço que si canestello siegon ramplido*, il s'en manque de beaucoup que ses corbeilles soient pleines.

246. *Gaire* a le sens de beaucoup quand il est accompagné de la négation *pas* : *n'i en a pas gaire*, il n'y en a pas beaucoup,

247. *Gens, ges*, devient plus expressif en prenant la négation *pas* : *pas gens de mióugrano*, point de grenades.

248. *Mai* comparatif absolu est précédé de l'article *dóu* qui se répète devant le second terme de la comparaison : *dóu mai n'en faran, dóu mai saran retribuï*, plus ils en feront, plus ils seront rétribués.

249. *Nimai*, non plus, se place devant le pronom : *nimai iéu*, ni moi non plus.

250. *Pèr darrié, pèr davans* et autres adverbes de lieu, suivis ou non de la proposition *de*, forment une locution prépositive : *pèr davans dóu limounié metran la miolo*, par devant le cheval du limon, on mettra la mule.

Ces locutions se font aussi précéder de la préposition *de* : *lou ferrat s'atrobo de pèr darrié de la pouso-raco*, le seau se trouve par derrière le puits-à-roue.

251. *Plus* se réduit à *pu* qui prend *s* devant une voyelle : *es pus atravali que jamai*, il est plus laborieux que jamais.

252. *Rèn*. L'adverbe de négation *pas* peut aller avec *rèn* : *dise pas rèn*, je ne dis rien.

Quelquefois *rèn* est substitué à *pas* : *sias rèn maucoura ?* n'êtes-vous pas écœuré ?

253. *Si* peut être suivi de *que* conjonction: *acò, si qu'es agradiéu;* cela, oui, c'est agréable.

254. *Tant* a le sens de tout de même : *dis enfant dóu mas, tant n'i'avié de galant,* des enfants de la maison de campagne, tout de même il y en avait de charmants.

Locutions adverbiales.

255. *Mai-que-mai, que mai* précède ou suit le verbe : *uno nouvello agradivo mai-que-mai,* une nouvelle extrêmement agréable.

256. *A* se place devant les noms commençant par une consonne, si le rapport est avec ou sans mouvement : *anarai à Nime,* j'irai à Nîmes ; *es à Niço,* il est à Nice.

Si le nom de lieu commence par une voyelle, on emploie *z* euphonique : *Anaren à-z-Ais,* nous irons à Aix. On met aussi *n* euphonique devant un nom de personne: *Lou pourtarès à-n-Isabèu,* vous le porterez à Isabelle. Cette préposition est remplacée par *en* devant un nom commençant par une voyelle, et plutôt avec un verbe dont l'action n'indique pas un changement de lieu : *passo soun tèms de service en Avignoun,* il passe son temps de service à Avignon.

Chapitre VI. — **PRÉPOSITION.**

Emploi particulier.

257. *Adré* forme une locution avec *de* : *adré de la Glèiso*, vis-à-vis de l'Eglise.

258. *A respèt de* signifie auprès de : *à respèt de l'univers, de qu'es noste sistèmo soulàri?* auprès de l'univers, qu'est-ce notre système solaire ?

259. *Avans* indique plutôt le temps et *davans*, le lieu : *avans miejour li garbo saran ligado*, avant midi, les gerbes seront liées ; *es davans tu*, il est devant toi.

260. *Avans de*. La locution *avans de* prend quelquefois *que* intercalé : *avans que de parti, fai tis à-Diéu-sias*, avant de partir, fais tes adieux.

261. *Davans* peut être placé après le régime : *passo ié davans*, passe devant lui ; il en est de même pour *darrié*.

262. *Contro* a le sens de *proche de* : *es contro la Coumuno*, il est près de la Mairie.

263. *De* est employé avec les verbes *avé, dire, èstre, sembla* : *avé d'èstre*, avoir lieu ; *dire de noun*, dire non ; *èstre de niue*, être de nuit ; *sembla de bon*, sembler vrai ; de même pour les verbes *ama*, aimer ; *cerca*, chercher et quelques autres.

264. *Dins* précède le pronom démonstratif *acò* et l'infinitif *tout* qui le détermine : *dins tout acò, fara ço que voudrès*, en tout cela, il fera ce que vous voudrez.

265. *Dins* est suivi de *que* devant le complément qu'il fait rapporter : *dins qu'un flamme discours, aebanè lou regiounalisme.* dans un brillant discours, il exposa le régionalisme.

266. *En* remplace la préposition *à* avec les verbes *crida, parla* : *es pas souvènt que crido en quaucun*, ce n'est pas souvent qu'il gronde quelqu'un.

267. *En* se met aussi pour *dins* devant les noms géographiques : *en Arignoun, en Prouvènço, en palun.* dans Avignon, dans la Provence, dans les marais.

Le verbe *ana* prend la particule *en* avec le pronom personnel qui le précède : *m'en vau te dire*, je vais te dire.

268. *Entre* a quelquefois le sens de *en* : *entr'éu se disié*, il se disait en lui-même.

269. *Entre, tre,* dès que, se place devant un infinitif en prenant ou supprimant *que* : *tre que partiras,* dès que tu partiras : *entre lou vèire. lou recouneiguè,* dès qu'il le vit, il le reconnut.

270. *Foro* signifie l'exclusion du lieu : *Foro la mountagno.* hors de la montagne ; il peut être suivi de *de* et sert à composer plusieurs locutions adverbiales : *foro man,* du côté opposé ; *d'eici en foro,* de ce pas-ci ; *en foro de,* en dehors de.

271. *Jusquo*, qui marque la limite, prend comme préfixe la préposition *en* : *se n'en mes enjusqu'is auriho*, il s'en met jusqu'aux oreilles.

272 *Pèr* a plusieurs significations : *à, par, à travers. pendant. pour* : *pèr Pasco,* à Pâques ; *entra pèr la porto,* entrer par la porte ; *pèr carrierò,* à travers la rue ; *pèr meissoun,* pendant la moisson ; *l'an fa pèr un bèn* ; on l'a fait pour un bien.

273. *Proche* et *preste* servent à distinguer la préposition *près* et l'adjectif *prêt* que la prononciation française confond.

274. *Sènso* peut se placer, dans une préposition, après le complément : *as ges de capèu, sortes pas sènso*, tu n'as pas de chapeau, ne sors pas sans en avoir un.

275. *Subre* peut signifier *sur*, *en dessus, par dessus : estaco-ié subre*, attache-le-lui par-dessus.

Il forme des locutions verbales : *subre-chaupi*, dompter ; *subre-daura*, surdorer ; *subre-dire*, surenchérir.

276. La locution *de tant coume* est équivalente à *si* : *de tant coume es grando, l'on poudrié pas la cana*, elle est si grande qu'on ne pourrait la mesurer.

277. *Vers* peut être précédé de la préposition *de* : *vai-t'en de vers lis Issart*, va vers les Issarts.

***

Chapitre VII. — **LA CONJONCTION.**

Emploi particulier

278. *Cop*, coup, *fes*, fois. Ces noms tiennent la place d'une locution conjonctive, aussitôt que, dès que : *un cop avé paga toun dèute, saras tranquile*, dès que tu auras payé ta dette, tu seras tranquille.

279. *Coume*, dans une expression comparative, remplace *aussi... que : siés pas tant fin coume*

Mèste Rambaud, tu n'es pas aussi fin que Maître Rambaud.

280. *Dóu tèms que, mentre que.* La première locution se rapporte à la durée : *cantavo dóu tèms que legissiés,* il chantait pendant que tu lisais ; la seconde marque une opposition d'idée : *travaiavo mentre que te passejaves,* il travaillait tandis que tu te promenais.

281. *Emai* renforce la conjonction *e : emai se vole,* et si je veux.

282. Avec les comparatifs d'inégalité, la dernière proposition peut prendre l'adverbe *noun : la garbiero es pu grando que noun l'es lou paié.* le gerbier est plus grand que ne l'est la meule de paille.

283. *Mai* combiné avec le préfixe *c,* a le sens de pourvu que : *emai vèngue,* pourvu qu'il vienne.

284. *Mau-grat* permet l'ellipse de la conjonction *que* du sujet et du verbe de la proposition suivante pour être immédiatement mis en rapport avec l'attribut : *mau-grat vièi,* quoiqu'il soit vieux.

285. La seconde des conjonctions corrélatives de négation *ni* se renforce par l'addition de *mai: ni la nielado, nimai la plouvino an fa de mau à noste plantié,* ni la bruine, ni la gelée blanche n'ont fait de mal à notre vigne nouvelle.

La deuxième partie de la locution *ni... ni* peut être accompagné de *noun : es ni bret ni noun mut,* il n'est ni bègue ni muet non plus.

286. *Pièi que* a pour équivalents *amor que, d'abord que* plus conformes au génie du provençal : *amor qu'as proumés toun ajudo, acordo-la,* puisque tu as promis ton aide, accorde-la.

287. *Que* est d'un emploi remarquable et très important :

1° Cette conjonction prend devant elle *coume* : *coume que se n'en prengue*, de quelque manière qu'il s'y prenne.

2° Avec *que* on sous-entend *au poun*, au point ; *de maniero, talamen,* tellement : *sènt qu'em— baumo*, cela sent tellement qu'il embaume.

3° *Que* s'intercale dans la locution *avans de* : *avans que de parti, embrassè si gènt*, avant de partir, il embrassa ses parents

4° On peut mettre la conjonction *que* au lieu de *se* : *partiras pas que noun agues acaba toun oubrage,* tu ne partiras pas, si tu n'as pas achevé ton ouvrage.

5° *Que* commence une proposition subordonnée dont la principale est elliptique : *que (en ametènt que) se plóuguèsse sarias pas ana fatura vostō óuliveto,* en admettant qu'il plût vous ne seriez pas allé travailler votre champ d'oliviers.

6° *Que* s'intercale dans la locution *avans de* : *avans que de claure la sesiho, signarés li deli— beracioun,* avant de clôturer la séance, vous si— gnerez les délibérations.

7° Dans les expressions *que si, que noun,* on sous-entend les verbes et les sujets de la proposition elliptique : *(te dise) que si, (te dise) que noun.* je te dis que oui, je te dis que non.

8° *Que* est mis pour *de* : *avans que faire ni claure rèn,* avant de rien faire ni conclure,

9° Le nom, l'adjectif et le verbe se répètent en les unissant par la conjonction *que* : *mèstre que mèstre a si defaut* ; quoique maître, il a ses dé—

fauts ; *courre que courriras*, et de courir continuellement.

10° *Que* devient conjonction restrictive : *es pas
l'obro que d'un jour*, ce n'est pas une œuvre
qui ne demande qu'un jour.

11° *Que* s'emploie pour *afin que, pèr ço que :
vène, moun bèu, que culiras de vióuleto*, viens,
mon bel enfant, tu cueilleras des violettes.

12° *Que* tenant la place de *lorsque* est mis entre le participe et le verbe : *abéura que fuguèron,
li cavalo landèron vers l'iero*, lorsqu'elles furent
abreuvées, les juments coururent vers l'aire.

288. *Senoun* est séparable dans la même proposition : *se la causo noun èro*, si la chose n'était
pas.

289. Les interjections qui expriment un sentiment grave prennent l'*h* après la voyelle : *ah !
que sies amistadous !* ah ! que tu es aimable !...
*eh ! de qu'es la vido ? un degout d'eigagno au
soulèu !* eh ! qu'est-ce que la vie ? une goutte de
rosée au soleil !... *oh ! que sara poulit !* oh ! que ce
sera joli !

Si le sentiment est léger, l'*h* précède la voyelle :
ha ! ha ! couquinot, ha ! ha ! petit coquin ; *hé !
la femo di cicourèio*, hé ! la femme aux chico-
rées ;... *ho ! ho ! Pèire, aganto-m'acò*, ho ! ho !
Pierre, attrape-moi ça.

290. Plusieurs interjections sont répétées : *Ai !
aï ! ai ! la ! la ! la ! que ! que ! que ! tè ! tè ! tè !*

291. *He !* sert : 1° pour appeler : *he ! l'ome*,
hé ! monsieur ; — 2° pour interroger : *he ! que
voulès ?* hé ! que voulez-vous ? — 3° pour répondre:
he ! dise pas de noun, hé ! je ne dis pas non.

292. *Paure !* interjection est suivi de *iéu,* moi, *tu,* toi, etc...: *paure de vous !* malheureux que vous êtes ! On peut retrancher la préposition : *paure vous !*

293. *Pecaire !* n'a pas d'équivalent français exact ; le plus rapproché est pauvret !

294. *Que !* a le sens de *eh* ! : *que ! vos veni ?* eh ! veux-tu venir ?

Locutions interjectives.

295. *Ato certo !* par exemple ! *ato hòu !* arrêtez !

Ah ! ço vai !... oh ! *ço vai !* allons donc !

He ! he ! he !... rire qui exprime le doute.

He bèn ! cesse donc !

He hèi !... ah ! bah ! *hèp hau !* ohé ! *hèp hèi !* ohé ! là-bas !

Hou ! hou ! hue ! hue !

Zoust ! zèst ! Il n'y a rien de pris, ou, il s'est échappé.

TROISIÈME PARTIE

LA PHRASE

CONSTRUCTION DES PROPOSITIONS.

CHAPITRE I. — CONSTRUCTION DE LA PROPOSITION SIMPLE.

296. L'**ordre direct** est celui-ci : 1° le sujet, 2° le verbe et 3° l'attribut ou le complément.

Chacune de ces parties essentielles de la proposition peut être accompagnée de « modificatifs » et de compléments: le nom, d'un nom déterminatif ou en apposition, d'adjectifs qualificatifs et déterminatifs; le verbe, d'adverbes ou de locutions adverbiales, de compléments direct, indirect et circonstanciel.

297. L'**ordre indirect** transpose l'un et quelquefois plusieurs des membres de la proposition.

298. Inversion. — On intervertit les parties principales et les parties secondaires de la proposition :

1° *Inversion du sujet et du verbe* : *vendemiarien-ti, li gavoto?* vendangeraient-elles, les filles de la montagne ?

2° *Inversion du complément* : *lou ribeirés de noste endré, fuguè de peno pèr lou teni à la sousto de la gardounenco,* il fut difficile de tenir le rivage de notre pays à l'abri de la crue du Gardon. Dans ce cas, le complément direct est répété.

3° *Inversion de l'attribut* : *triste, li vaqui que s'entournon à soun mas,* tristes, les voilà qui retournent à leur maison de campagne.

4° *Inversion de l'adjectif* : *belas aqui, celèbre, lou cièri di Rouman,* vous contemplez là le célèbre cirque romain.

5° *Inversion du complément déterminatif* : *ah ! s'avien tant d'afiscacioun pèr, de si terro, der-*

raba lou grame, ah ! s'ils avaient autant d'ardeur pour arracher le chiendent de leur terrain.

6e *Inversion du complément indirect et du complément comparatif avec négation : dóu Pourtaire-de-Crous, an de pieta, pas mai*; du Porteur-de-Croix, ils n'ont pas plus de pitié.

7e *Inversion des parties de la locution verbale : grand gau ié fai d'èstre marin,* ce lui est une grande joie d'être marin.

Par ces diverses inversions, le provençal donne plus de variété, de souplesse et d'expression intensive à la proposition.

299. Ellipse : 1° *Abena soun lume dins qu'un jour,* user sa lumière en un seul jour. On omet *rèn*, rien entre *dins* et *que* (*dins rèn qu'un jour*). Il y a ellipse d'une partie de la locution adverbiale.

2° *Perdoun se vous coupe (la paraulo),* pardon si je vous interromps (ellipse du complément direct).

3° Dans cette proposition : *es uno autoumoubilo di pichoto,* c'est une petite automobile, on fait ellipse du nom *autoumoubilo.*

300. Partie explétive : *déurié èstre, acò d'aqui, uno toco de justiço e de liberta*; cela devrait être un but de justice et de liberté ;... *n'as de perùssi ?* as-tu des petites poires sauvages ?

301. Répétition. — *La Prouvènço bello, la Prouvènço atravalido, la Prouvènço trelusènto, nous es caro mai-que-mai ;* la Provence belle, la Provence laborieuse, la Provence resplendissante nous est extrêmement chère.

Chapitre II.

CONSTRUCTION DE LA PHRASE COMPOSÉE DE PROPOSITIONS.

Phrases coordonnées.

302. L'*ordre direct* demande d'énoncer une proposition principale ou verbale et ensuite les coordonnées en les liant par les conjonctions de coordination : *e, o, ni, nimai, mai, pamens, tambèn, amor que, en causo que, pèr ço que* : *pense, dounc eisiste*, je pense, donc j'existe.

Phrases subordonnées.

303. La phrase surbordonnée a quatre sortes de propositions :

1° La proposition *verbale* (principale) qui peut être remplacée par le verbe à l'infinitif : **volon que partes**, on veut que tu partes ; on a le même sens avec l'expression **voulé** *que partes. vouloir* que tu partes.

Cette proposition commence par un nom ou un pronom exprimé ou sous-entendu.

2° La proposition *nominale* qui peut être remplacée par un *nom* : *Fau pas* **que te refrejes**, il ne faut pas *que tu te refroidisses* ; le sens est le même avec l'expression, *fau pas toun* **refrejamen**, il ne faut pas ton *refroidissement*.

Cette proposition commence par *que* conjonction.

3° La proposition *adjective* qui peut être remplacée par un adjectif qualificatif: *la frucho* **qu'es maduro** *sara lèu culido*, le fruit *qui est mûr* sera bientôt cueilli ; le sens est le même que celui de : *lou fru* **madur** *sara lèu culi*, le fruit *mûr* sera bientôt cueilli.

Cette proposition commence par *qui* ou *que* pronom conjonctif.

4° La proposition *adverbiale* qui peut être remplacée par un adverbe: *vai se passeja* **quand fai bèu**, il va se promener quand il fait beau temps; le sens est équivalent à celui de l'expression *vai se passeja* **souvènt o raramen**, il va se promener *souvent* ou *rarement*.

Place.

304. La proposition verbale commence la phrase, mais la proposition adjective suit un nom de cette proposition, et la nominale ainsi que l'adverbiale viennent après le verbe de la principale ou verbale.

Fau | *que l'enfant,* | *qu'es brave,* | *óubeïgue à si gènt* | *touto fes e quanto que ié coumandon quaucarèn.*

Il faut | que l'enfant | qui est sage | obéisse sans répliquer à ses parents | quand ils lui commandent quelque chose.

Par conséquent, il y a dans cette phrase : 1° proposition verbale, 2° proposition nominale, 3° proposition adjective qualificative, 4° proposition adverbiale.

Voici l'exposé analytique de la phrase subordonnée :

Fau. proposition principale ou verbale ; *que l'enfant óubeïgue.* proposition nominale qui suit le verbe *fau* de la verbale ; *qu'es sage,* proposition adjective qualificative qui vient après le nom *enfant ; touto fes e quanto que ié coumandon, quaucarèn* proposition adverbiale qui modifie le verbe *fau* de la verbale.

Inversion.

305. Toutes les parties de chacune des propositions simples, comme il a été dit dans la règle de leur construction, peuvent être disposées dans l'ordre inverse.

Ainsi les propositions de la phrase subordonnée peuvent être aussi placées, par inversion, au commencement de la phrase, excepté la proposition adjective :

Touto fes e quanto que ié coumandon quaucarèn, l'enfant qu'es sage, fau qu'óubeïgue à si gènt;

Toutes les fois qu'on lui commande quelque chose, il faut que l'enfant qui est sage obéisse à ses parents.

Remarque.—C'est le bon goût qui détermine la disposition si variée des parties de la proposition simple et des membres de la phrase ou proposition composée. Les deux procédés se combinent dans la construction de la phrase, ce qui est d'une très grande importance pour l'expression grammaticale touchant au style.

306. **Modèle de construction de la phrase:**

Souvènti-fes, à soun passage,
Li courreli que dins l'erbage,
Au pèd di reganèu dourmien agroumouli,
De sa dourmido treboulado
Subran partien à grand voulado,
E dins la Crau nuso e pelado
Cridavon : Courreli ! Courreli ! Courreli !

Souventefois, à son passage, les courlis qui, dans les herbes, au pied des chêneteaux, dormaient blottis, troublés dans leur sommeil, soudain par-

taient à grande volée, et dans la Crau sombre et
nue criaient : *Courreli ! courreli ! courreli !*

FRÉDÉRIC MISTRAL.

Formules introductives
des récits familiers.

307. Certaines locutions sont très souvent usi-
tées pour amener une proposition ou un récit : *un
cop, uno fes, lou jour vengu,* un jour ; *m'en vau
vous dire,* je vais vous dire; *vous troubarés que..*
il se fit que... : *i'avié uno fes lou loup emé
l'agnèu que se rescountrèron,* il advint que le
loup et l'agneau se rencontrèrent; *quau vous a
pas di que...* voici que... ; *dins acò* ou *dins tout
acò faguè pas de miracle,* cependant, il ne fit
pas de miracle.

CHAPITRE III. — SUPPLÉMENTS.

A. — L'Analyse

308. Elle consiste à décomposer les mots en
lettres, les propositions en parties du discours et
les phrases en propositions simples pour étudier leur nature, leurs modifications et leurs fonc-
tions.

(Voir Méthode d'Analyse, *Grammaire Provençale, Savinian,* page 168 à 181).

309. REMARQUE. — On a préféré, à la dénomi-
nation d'*Analyse logique,* celle d'*Analyse de la
proposition et d'Analyse de la phrase* ou *proposition composée,* parce qu'elle est plus simple, plus
facile et plus exacte.

Le terme de *logique* prête à l'amphibologie;

analyser un texte au point de vue de la logique, partie de la philosophie, c'est proprement dit, faire de l'*analyse logique* ; mais rechercher la nature d'une proposition et de ses parties, les relations qu'elles ont entre elles. c'est réellement l'*Analyse des propositions* ou *des phrases* qui sont composées de propositions.

B. — Le Discours

310.— Il est formé grammaticalement par les propositions simples et par les propositions composées.

APPENDICES

___

I. - **Onomatopées**.

311. Aux interjections, se rattachent les *onomatopées*, mots qui servent à imiter le bruit, le mouvement, le cri, etc.

312.   **Bruit** :

des ailes,	*frou, frou* ;
du canon,	*boum* ;
des cloches,	*dan-dan, derin-derin ; din, din – din ; don, don-don ; balalin, balalan* ;
de l'éclat de la foudre,	*cli-cla, cla* ;
de l'instrument à cordes	*zin, zan, zoun* ;
du moulin, de la crécelle	*ti-ta, tique-taque* ;
de la machine,	*tri-tra, trique-traque* ;
du tambour,	*rapataplan* ;
de la serrure,	*cri-cra* ;
de la vapeur,	*fou-fou* ;
d'un objet qui tombe sur un corps solide,	*pataflau, patatra, pin, pòu, fli, fla, flin, flan, flèu, za, zèu,*
d'un objet qui tombe dans l'eau,	*chou* ;
du mouvement cadencé,	*brin-bròu, patatin-patatòu.*

313.   *Cri* :

de l'agneau et du che-vreau,	*bè* !
de la brebis et de la chèvre,	*mè* !
du canard,	*coua* !
du chat,	*miau* !
du chien,	*bòu* ! *bòu-bòu* !
du coq,	*cacaraca* !
du dindon,	*glou-glou* !
de la poule,	*cascarasco* !

314. Gazouillement des petits oiseaux,   *piéu-piéu* ! *chiéu-chiéu* ! *riéu-chiéu-chiéu* !

bourdonnement des in-sectes,   *voun-voun* ! *zoun-zoun* !

II. – **Analyse.**

A. — **Analyse des lettres.**

315. Séparer les lettres d'une syllabe, c'est faire de l'*analyse*.

Assembler les lettres pour former une syllabe, c'est faire de la *synthèse*.

On désigne les *voyelles*, les *diphtongues* et les *consonnes*.

B. — **Analyse des mots.**

1° Mots variables.

316. On détermine à quelle partie du discours appartient un mot ; c'est la *nature*.

Pour le nom, l'adjectif et le pronom, il faut en faire connaître *la nature, l'espèce, la sorte, le genre* et *le nombre*.

Au pronom personnel, on ajoute la *personne grammaticale*.

Dans l'analyse du verbe, on détermine l'espèce, la sorte, le mode, le temps et la personne

2° *Mots invariables*.

317. Pour l'adverbe, la préposition, la conjonction et l'interjection, il suffit d'en accuser la nature; on pourrait y ajouter l'espèce.

A chaque mot on indique la *fonction*.

C. — **Analyse de la proposition.**

318. Pour analyser la proposition, il faut en désigner le sujet, le verbe et l'attribut ou le complément ainsi que leur nature.

On indique ensuite la nature et la fonction des autres mots, l'accord entre le nom et l'adjectif, celui du verbe avec le sujet; puis, les compléments déterminatifs et les compléments direct, indirect et circonstanciels avec leurs rapports ; enfin on indique les prépositions et les mots qu'elles unissent.

REMARQUE. — Analyse abrégée de la proposition.

1° *Abréviations*. Le sujet, le verbe et l'attribut sont respectivement surmontés de *s, v, a* ou *c ;* chaque mot porte l'indication de sa nature : *n. adj, pro. v. adv. pré conj. int.*

2° *Point*. Les mots qui servent de lien sont marqués par un point au-dessous.

3° *Traits*. On tire un trait horizontal sous les mots qui s'accordent entre eux.

On trace au-dessus un trait horizontal allant du mot qui complète à celui qui est complété ;

la ligne porte au commencement la lettre *c* (complément) et à la fin *dé* (déterminatif) ou *di* (direct) *ind* (indirect) ou *cir* (circonstanciel) *t* (de temps), etc.

4° Ellipse et répétition. Les mots sous-entenus sont écrits sur la ligne du texte analysé, et l'on souligne de deux traits les mots répétés .

5° Exemple :

```
mots:   a.   n.   pré.   n.      v.      a. adj. i.    n.  ad.-p. n.      adj.-v.
nt..:        c.        dé.        c.                    ,   cir.
             s                    v                                       c
alysée: La luno de mai largavo l'autro niue si rai esbléugissènt
Lien:
```

La lune de mai lançait l'autre nuit ses rayons éblouissants.

Remarque. — Un trait part du milieu d'un mot et se termine au milieu du mot avec lequel il est mis en rapport.

D. — Analyse de la phrase.

319. Cette analyse est basée sur ce fait grammatical : Toute proposition composée est construite comme la proposition simple. Elle renferme : 1° des propositions qui jouent le rôle de *verbe*, *sujet* et *attribut* ou complément ;

2° d'autres propositions qui complètent les premières en qualifiant ou modifiant une ou plusieurs de leurs parties.

I. Analyse des phrases coordonnées.

320. On sépare les propositions et l'on indique si elles sont *causales*, *additionnelles*, *illatives*,

alternatives, *adversatives* ou *restrictives ;* puis on désigne les conjonctions qui les unissent.

II. Analyse des phrases subordonnées.

321. Les propositions étant séparées, on indique la *verbale*, puis la *nominale, l'adjective* et l'*adverbiale*, et l'on désigne les conjonctions qui les unissent.

III. Analyse écrite.

322. Après avoir séparé les propositions par un trait vertical, on écrit au-dessus, *phrase additionnelle* ou *illative,* etc.. pour les coordonnées, et l'on souligne d'un trait horizontal les conjonctions qui les unissent.

Si la phrase est subordonnée, après la séparation des propositions, on écrit au-dessus de chacune la nature *verbale: nominale*, *adjective* ou *adverbiale.*

REMARQUE.-Cette méthode d'analyse applicable à toutes les langues mortes ou vivantes a été exposée à la Sorbonne dans l'assemblée des délégués des Sociétés Savantes, avril 1896.

III. - Provençalismes.

323. Le provençal a des milliers d'expressions, qui lui sont propres et qu'on doit particulièrement connaître pour une étude plus profonde de la langue et aussi pour ne pas défigurer le français.

REMARQUE.- On en trouve un très grand nombre au cours de cette grammaire. Toutes les parties du discours entrent dans des tournures propres au provençal.

1° *Nom* :

324, *Esquicho-mousco*, nom de rue, Presse-mouche; *Raubo-capèu*, passage, Enlève-chapeau; *Taulo-messo*, nom d'homme, Table-mise ; *Jan-de-l'òli*, nom de rue. Jean-de-l'huile.

Les traductions qu'on a faites en prenant les voyelles et les consonnes correspondantes du français sont ridicules : *Esquiche-mouche, Rau-be-chapeau, Taule-messe, Jean-de-loly.* C'est l'idée qu'il faut traduire par le mot français le plus rapproché : mais ces noms y perdent de leur éclat et de leur saveur.

Le nom se répète après la conjonction *que* : *mèstre que mèstre a besoun de s'estruire*, quoique maître il a besoin de s'instruire.

2° *Adjectifs* :

325. *Bèu* est employé nominalement pour les persounes : *moun bèu*, mon bel enfant ; on dit aussi *la pichoto*, la petite enfant. *Bèu* signifie encore grand, fieffé : *un bèu couquin*, un coquin fieffé. Il qualifie le pronom numéral : *lou bèu proumié*, tout le premier. Il est déterminatif ou qualificatif du démonstratif : *acò de bèu*, quelque chose de beau ; *d'acò bèu*, du beau.

On dit : *faire si bello* avoir belle mine ; *èstre de bello* ou *dins si bello*, dans de bonnes dispositions, ou encore, *en bello*, calme, bien disposé; *bèu* se met au pluriel en le faisant précéder de la préposition à; il peut être alors suivi du pronom numéral : *à bèlli fes*, à certaines fois, *à bèllis-un*, un à un.

326, *Bon* peut être employé nominalement : *moun bon*, mon bon ami ; *un felibre de la bono,* un bon félibre ; *se n'es fa uno bono*, il a fait une dépense considérable ; il accompagne quelques verbes avec ou sans la préposition : *te fas bon de lou teni ?* es-tu assuré de le tenir ? *es de bon dire*, c'est bon à dire ; *se tènon bon*, ils sont satisfaits.

Brave, signifie avantageux, brave, bon, assez grand, gros, sage : *un brave bèn*, un bien avantageux : *un brave garçoun*, un brave garçon ; *un brave tèms*, un bon temps; *un brave oustau*, une maison grande ou commode; *un brave mouloun*, un gros tas ; *de bràvi chato*, des filles sages.

L'adjectif se repète après la conjonction que : *passi que passi, tant bèn agradara*; quoique flétri, tout de même il plaira.

3° *Verbe* :

327. Quelques verbes à l'infinitif sont employés nominalement : *lou dourmi*, le sommeil; *lou legi*, la lecture; *au davala*, à la descente; *au mounta*, à la montée ; *lou prega*, la prière ; *lou rena*, le grognement.

328. On emploie la troisième personne de l'impératif au lieu de celle du subjonctif : *escounde-se*, qu'il se cache; *escoundon-se*, qu'ils se cachent.

329. *Ana*. Ce verbe peut être suivi de l'adjectif et il désigne alors la marche; *ana goi*, boiter ; *ana fièr*, marcher fièrement ; *ana segur*, marcher sûrement; *ana 'mé quaucun*, fréquenter quelqu'un; *bèn vai que t'an pas pres*, heureusement qu'on ne t'a pas pris.

330. *Dire* : *dire de tout*, chanter pouilles; *dire sebo*, demander merci; *vau pas lou dire*, il ne vaut pas la peine d'en parler ; *quau vous a pas di que*, croiriez-vous que ; *es pas pèr dire, mai*, ce n'est

pas pour me vanter, mais; *se lou tèms n'en vau dire*, si la saison est favorable ; *bèn ié dis d'avé*, il est heureux d'avoir ; *a di de blad aquest an*, le blé a prospéré cette année ; *disèn dounc que*, on trouve donc que ; *coume te dison ?* comment t'appelle-t-on ; *quaucarèn me lou disié*, j'en avais le pressentiment ; *emai lou digues*, en effet tu as raison de le dire ; *aviéu di de t'ana vèire*, je m'étais proposé d'aller te voir ; *que devès dire de iéu ?* que devez-vous penser de moi ?

REMARQUE. — Le verbe *dire* présente une soixantaine de provençalismes qui enrichissent les étudiants des deux langues et opposent des entraves à ceux qui n'étudient que le français.

331. *Canta* : *canta clar*, sonner creux, en parlant d'une futaille ; *canta catalan*, nasiller ; *canta l'asclat, lou rout*, sonner le cassé ; *canta lou gau*, imiter le chant du coq ; *canta messo*, chanter la messe ; *canta l'óulivèio, la pantouqueto, la Peirounello*, chanter un chant rustique, travailler gaiement ; *canta la grelo*, proférer des horreurs ; *faire canta li dènt*, faire crisser les dents ; *faire canta lis os*, faire craquer les os ; *que me cantes ?* que me dis-tu ? *lou vau pas canta 'n plaço*, je me garde bien de le publier ; *acò 's coume se cantaves*, tes prières sont inutiles ; *lou grapaud canto*, le crapaud chante. Presque tous les verbes donnent lieu à des provençalismes semblables.

Mots invariables.

Les principaux provençalismes où dominent l'adverbe, la préposition, la conjonction et l'interjection se trouvent à leurs places respectives dans la grammaire: I° Partie. — Les Mots. II° Partie.— La Proposition.

IV. - **Orthographe usuelle**.

332. Les quelques règles de grammaire qu'on ne trouverait pas dans cet abrégé sont les mêmes qu'en français.

333. La prononciation provençale exprimant toutes les voyelles et les consonnes avec le son ou l'articulation alphabétique, il est facile d'écrire correctement.

334. Les noms venus du grec se terminent en o : *dòumo*, (doma), *dogme* ; *pouèto* (poietés), poète ; *sistèmo* (sistema) système,

335. Ceux qui viennent directement du latin prennent *e* final : *dialogue*, (*dialogus*), dialogue ; *filousofe* (*filosofus*), philosophe ; *moudèle (modulus*), modèle.

Par analogie on écrit *catalogue*.

336. Les terminaisons *antia* du latin donnent *ànci* : *aboundànci*, abondance. *coustànci*, constance ; *sustànci*, substance ; tandis que la terminaison *entia* amène *ènço :* *credènço*, crédence ; *benvoulènçi*, bienveillance ; *prudènço*, prudence ;

337. Les noms propres ayant ces mêmes origines se terminent par *e*. *Aleissandre (Aleissander)* Alexandre ; *Ulisse, (Ulysses)* Ulysse ; *Emile, Emilius.* Cependant les noms latins, *Georgius, Julius* donnent *Jòrgi* et *Jùli*, Georges et Jules.

I. *Voyelles*.

338. L'*u*, comme l'*e*, l'*o* et l'*i*, est atone dans le mot *Jèsu*, Jésus ; il est tonique dans *Marius*.

II. *Consonnes*,

339. Les consonnes muettes, à la finale des mots: *d, g, p, q, s, t* sont désignées par les dérivés : *crid*, cri ; *crida*, crier ; *larg*, large ; *larga*, lancer ; *cop*, coup ; *coupa*, couper ; *cinq*, cinq ; *cinquen*, cinquième ; *baus*, rocher escarpé ; *debaussa*, précipiter d'une falaise ; *enfant*, enfant ; *enfantoun*, petit enfant.

340. En général on ne redouble pas les consonnes : *acuiènço*, accueil ; *afaire*, affaire ; *boulidou*, bouilloire.

341. Le redoublement de quelques consonnes est appelé par *l'e* ouvert ; 1° *archimbello*, balance ; il y a exception pour les noms, tirés du grec ou du latin, qui prennent accent grave sur *l'e* et n'ont qu'une *l* ; *archipèlo*, archipel (en grec *archipelagus*) ; 2° *n* est généralement redoublée dans les mots où le préfixe, avec le sens négatif du latin, est placé devant une racine commençant par *n* : *innoucènt*, innocent ; *anóunci*, annonce n'est pas dans ce cas. Le préfixe *in* ayant le sens de *en, dans* devient *en* ; *encendra*, incinérer. 3° *r* est redoublée comme en français ; *guerro*, guerre ; *terro*, terre. 4° *s* double est marquée à l'intérieur des mots par l'articulation forte : *duquesso*, duchesse ; et on ne la met pas à la finale : *esprès*, express.

342. L'articulation *k* est exprimée par *qu* au commencement et à l'intérieur des mots, comme en français ; *quouro*, lorsque ; *aqueira*, lapider.

343. *Fiò* et *liò* reprennent leur *c* ancien devant une consonne : *bouta fioc à la granjo*, mettre feu à la grange.

344. L'*a* et l'*e*, dans ce cas, ajoutent l'*h* au *c* : *fach au mole*, fait au moule ; *vuech espilo*, huit faussets d'un tonneau.

345. *Romance*, ne venant pas du latin, comme les mots en *ance* tels que *Constance*, prend s : *roumanso ;* il en est de même avec *sourso*, source.

346. Devant les racines commençant par *m* les préfixes *en*, *in*, gardent l'*n* ; *enmasca*, ensorceler; *inmense*, immense.

347. Les consonnes *c* et *g*, fortes devant *a*, *o* : *targa*, jouter ; *co*, queue ; *toco*, touche, s'adoucissent devant *e*, *i* ; mais en restant fortes devant ces mêmes voyelles, elles sont suivies de *u* : *cue*, cuit ; *languissié*, il languissait ; *que touquen*, que nous touchions.

348. Les articulations de *n* mouillée *gn*, *ni*, se distinguent par le français : *Coucagno*, cocagne; *coumunioun*, communion.

349. Les *ll* doubles et non mouillées sont toujours précédées de *e ; capello*, chapelle ; *courdello*, il lace.

350. L'*h* n'est employée que dans les interjections et pour séparer deux voyelles. 1° en général : *ehèi !* eh, non! *lahut*, luth. 2° dans les mots correspondant en français pour remplacer *ll* mouillées ou *li : triho*, treille ; *afiha*, affilier.

351. Dans les correspondants aux mots français en *ie*, on marque cette séparation par un accent grave sur l'*i : patrìo*, patrie ; *armounìo*, harmonie et par analogie on met *destrìo*, il distingue.

352. L'articulation *mn* se réduit à *n : coundana*, condamner.

353. Quand l'*r* est prononcée fortement, on la redouble : *barro*, barre ; *ginjarro*, cimeterre ; mais on écrit *raro*, rare.

354. *Avanço*, avance ; *avança*, avancer à cause de l'*a* ou de l'*o* suivants, prennent un *ç*, mais il faut mettre une *s* à la préposition *avans*, avant et au nom *davans*.

355. Les mots qui ont la consonne double *sc*, sont formés du latin, comme en français : *sciènci*, (*scientiam*) science. *ascensioun*. (ascentionem), ascension, *scenàri*, scenario ; *scepti*, sceptique.

256. L'articulation forte de *ss* se distingue de *ç* par le français : *douço*, douce ; *rousso*, rousse.

357. *T* n'est jamais adouci. *oustìo*, hostie ; pour l'articulation douce, on le remplace par *c* : *paciènt*, patient ; *assoumcioun*, assomption.

358. *Z* n'est employé qu'à l'initiale ou dans le corps des mots : *dounzèu*, damoiseau ; *zarino*, czarine.

V. – Les accents orthographiques.

359. Les accents sont aigus ou graves ; il n'y a pas l'accent circonflexe parce que la lettre dont il tient la place en français est conservée par le provençal : *mastega*, mâcher.

360. On met un accent grave pour marquer la tonique sur *a, e, i. o. u* quand ils sont ouverts à la penultième *bàrri*, rempart ; *èure*, lierre ; *Fèlis*, Félix ; *béulòli*, effraie ; *primis estofo* (finale en *i* atone) minces étoffes ; *perùssi*, petite poire sauvage. Les voyelles atones ne portent pas d'accent : *caucigues*, tu marches sur le pied.

361. Seuls l'*e* et l'*o* prennent un accent, à la tonique, pour les distinguer de l'atone : *èstre*, être; *estré*, étroit ; *empés*, empois, *empeses*, tu amidonnes ; *cafió*, chenèt ; *escourriho*, effrondrilles.

362. Les finales des premières personnes du pluriel des verbes sont toniques et celles des troisièmes, atones: *escalavian*, nous montions ; *parpaiounejon*, ils papillonnent.

363. Pour l'accentuation des diphtongues et triphtongues, voir nᵒˢ 5 et 6, page 11.

364. Pour l'accentuation de *e* tonique suivi d'une ou de plusieurs consonnes, voir 20 et 21, page 15.

365. *E* atone conserve l'accent grave de l'adjectif dans *bèuta*, beauté ; *nouvèuta*, nouveauté.

366. Quelques verbes en *ela* ne doublent pas *l* et ont un accent grave sur *e* : *barbèlo*, il palpite de convoitise ; *bèco*, il becquète ; *bèlo*, il regarde complaisamment ; *cèlo*, il cèle ; *gèlo*, il gèle ; *moudèle*, je modèle ; *querèlo*, il querelle ; *vèlo*, il voile, mais on écrit *bourrello*, il bourrèle ; *martello*, il martèle.

367 *Eu* a toujours l'accent grave *Isabèu*, Elizabeth ou aigu : *béu*, il boit.

368. *Ie*, *ies* prennent l'accent dans les noms adjectifs et pronoms : *lié*, lit ; *fièro*, fière ; *ié*, lui, y; et non dans les verbes terminés par la diphtongue *ia* à l'infinitif : *taia*, tailler; *taie*, je taille; *taies*, tu tailles.

369. *Io*, *ion*, diphtongues atones, sont précédés de *à*, *è*, *ò*, *ù* : *gàmbio*, déverse, exepté *aio*, joie ; *repepio*, il radote ; *gòbio* gourde ; *estùdio*, il

étudie ; l'*o* tonique reste sans accent s'il n'est pas suivi de *i* atone : *fiholo*, filleule ; *s'assòcion*, ils s'associent ; *ou* sans changer de son prend l'accent aigu pour marquer la tonique dans *tóuti* ; mais dans les diphtongues il a l'accent grave ou aigu: *bòu*, coup de filet ; *dóu*, du.

370. *Iou*, tonique a l'accent grave ; *miòu*, mulet, atone il a l'accent aigu ; *bióula*, beugler.

371. L'accent grave distingue *à* préposition de *a* verbe.

L'Apostrophe.

272 L'élision se fait à la fin des mots avec l'article, le pronom, la préposition et la conjonction : *l'astroulò*, l'astrologue ; *t'adurrai*, je t'apporterai ; *d'en prouvinco*, de la province; *qu'assaje*, qu'il essaie.

373. L'aphérèse a lieu à l'initiale des mots commençant par *e, u : e'm'éu (e emé éu)* et avec lui ; *se 'n cop*, si une fois.

374. Le *trait d'union* est employé plus fréquemment qu'en français dans les locutions nominales, adjectives, verbales, adverbiales. Voir les nᵒˢ 101, 113, 124, 156, 160, 162, 165, 166, 167.

375. On met généralement le trait d'union quand il y a un nom, un adjectif ou un verbe : *aigo-fort*, eau-forte ; *longo-mai*, longtemps ; *acampo-lèi*, (le pronom *li*, placé immédiatement après le verbe, intercale *è:*) *amasso-lèi*, amasses-les ; *contro-ista*, contrecarrer,

376. Dans les locutions adverbiales l'usage est à peu près le seul guide ; voir les listes données dans a première partie. — Les Mots.

377. Le *trèma* n'est pas d'un emploi rigoureux dans les mots comme *pïous*, pieux ; mais il est nécessaire pour distinguer les prononciations des voyelles dans les mots tels que: *paire*, père ; *païs*, pays ; *vue*, huit ; *countiguëta*, contiguïté; *resoun*, raison ; *grouïn*, couvain.

378. Les guillemets et autres signes de ponctuation sont à peu près les mêmes qu'en français.

APERÇU HISTORIQUE

DE

LA LANGUE PROVENÇALE

Dans le midi de la France, on porte un très vif intérêt à l'idiome occitanien. Avec des inflexions d'une douceur exquise ou d'une énergie puissante, des accents mélodieux et vibrants, une éclatante fraîcheur. cette langue fut, au Moyen-âge la messagère de la civilisation dans l'Europe.

Le peuple qui la parle est le seul qui ait eu cette belle inspiration d'appeler son pays du nom même de sa langue. Les générations à venir prononceront toujours avec émotion ce mot *Languedoc*, qui suffirait à l'illustration d'une province.

De nos jours les Félibres gardent avec enthousiasme ce magnifique héritage transmis par leurs illustres devanciers. Ils l'ont enrichi d'une production merveilleuse : odes, récits, discours. épopées, poèmes dramatiques : c'est un fleuve aux flots étincelants qui protège et fertilise le domaine de l'esprit national.

Suivons l'évolution de cette langue qui a pénétré les continents et brille sur tous les rivages de la Mer latine.

La Provence conserve encore les traces des civilisations primitives : les comptoirs phéniciens, les œuvres d'art, la flore et le commerce venus de Grèce ; les arcs-de triomphe, les théâtres et amphitéâtres, les aqueducs romains, les monuments wisigoths et les tours sarrasines ; de même notre langue, expression vivante, âme de la patrie, a conservé les traces de ces peuples qui furent les plus illustres de l'antiquité.

La philosophie renonce à la connaissance de l'origine et de la fin des êtres ; la philologie pure ne saurait scruter l'origine des langues. Cependant si l'on remonte dans l'antiquité jusqu'à la langue parlée par les premiers habitants du pays qui devint la Gaule et la Provence, on peut découvrir quelques signes de leur pensée dans les monuments de la préhistoire, à la période néolithique.

Puis vint le gaulois dont les inscriptions, à caractères grecs, sont conservées sur des pierres votives.

Un gaulois pour manifester son adoration à la Divinité, lui érigea un autel où il fit graver cette inscription dans sa langue et avec des caractères grecs :

Overbroumaros	Verbroumaros
Dede Taranou	dédia à Taranou
Bratoude Kantena.	cet autel avec joie.

Plusieurs inscriptions gauloises sont ainsi conservées dans les musées regionaux du Midi.

Lorsque César envahit les Gaules, on y parlait dans les trois régions qui la composaient des langues de la famille indo-européenne.

La langue d'oc ou le provençal moderne provient du latin successivement modifié par des invasions des Wisigoths et des Sarrasins.

Voici quelques mots qui nous sont restés de la langue primitive :

CELTE :	PROVENÇAL :	FRANÇAIS :
Alausa,	*alauso,*	alose.
Gamba,	*cambo,*	jambe.
Rusca,	*rusco,*	écorce.

Au contact de la langue phénicienne, le celtique adoucit sa prononciation en introduisant des voyelles et diphtongues. Les Grecs, amenés par des relations commerciales, introduisirent des termes de marine et d'autres expressions désignant des objets usuels :

CELTE :	PROVENÇAL :	FRANÇAIS :
Artos,	*artoun,*	pain.
Cara,	*caro,*	visage.
Cophinos.	*coufin.*	corbeille de spar-terie.

Le latin arrive ensuite avec son génie dominateur.

Il modifie les langues indigènes au point d'en transformer le caractère et de leur imprimer celui de la langue romaine ; dès lors l'idiome de Provence appartient à la famille néo-romane.

Le principe sur lequel repose la formation du français est applicable surtout au provençal ; et l'on peut dire que celui-ci est généralement formé du latin :

1° Par la conservation de la tonique :

LATIN :	PROVENÇAL :	FRANÇAIS :
Caritátem,	*carita,*	charité.
Claritátem,	*clarta,*	clarté.
Crudélis.	*crudèu*	cruel.

On retrouve ainsi la longue parmi les syllabes d'un mot français ou provençal ; c'est ordinairement la dernière ou l'avant-dernière, si le mot est terminé par une syllabe atone.

2° Par la suppression de la voyelle brève qui est avant l'accent, si elle n'est pas la voyelle initiale du mot, auquel cas elle persiste; la voyelle brève tombe aussi après l'accent, à moins qu'elle n'ait à soutenir un groupe de consonnes.

LATIN :	PROVENÇAL :	FRANÇAIS :
Bonĭtátem,	*bounta,*	bonté.
Popŭlátus,	*poupla,*	peuplé.
Sanĭtátem.	*santa.*	santé.

Les groupes de consonnes proviennent de cette suppression dans les proparoxytons, ou mots accentués sur la troisième syllabe en commençant par la fin.

LATIN :	PROVENÇAL :	FRANÇAIS :
Admirábĭlis,	*amirable,*	admirable.
Orácŭlum,	*ouracle,*	oracle.
ángŭlus.	*angle.*	angle.

3° Par la suppression de la dernière syllabe :

LATIN :	PROVENÇAL :	FRANÇAIS :
Apĭum,	*àpi,*	céleri.
Amárus,	*amar,*	amer.
Servĭcium.	*service.*	service.

4° Par la suppression de la consonne médiane :

LATIN :	PROVENÇAL :	FRANÇAIS :
Condŭcere,	*coundurre,*	conduire.
Regis,	*rèi,*	roi.
Magis.	*mai.*	plus.

Remarque. — Certains mots et expressions sont du latin pur ou très peu modifié : *cor*, cœur ; *cors*, corps ; *alabastre*, albâtre : *tu vales rèn*, tu ne vaux rien

2° Le provençal ajoute un *e* au commencement des mots latins dont les initiales sont *sc. sp, st.* : *spiritum, esprit*, esprit ; *stabulum, estable*, étable ; *statum, estat*, état.

3° *In* ayant le sens de *en* remplace l'*i* par l'*e* dans le provençal ; *incarnatus, encarna*, incarné ; mais on écrit *innocens, innoucènt*, innocent, à cause de *in* au sens négatif.

Les mots provençaux viennent du latin populaire qui a chassé ou absorbé les idiomes parlés en Gaule au moment de la conquête romaine.

L'occupation de la Provence par les Wisigoths a laissé surtout des noms se rapportant à l'habitation, au vêtement, au harnais et des verbes exprimant des actions particulières aux tribus germaniques.

WISIGOTH	PROVENÇAL	FRANÇAIS
Burg.	*bourg,*	bourg.
Scherpe,	*cherpo,*	écharpe.
Harnisch,	*arnés,*	harnais.
Rauben.	*rauba.*	dérober.

Nous devons aux Sarrasins principalement des noms de guerre et des termes désignant des comestibles et des objets usuels :

ARABE :	PROVENÇAL :	FRANÇAIS :
Tonbour,	*tambour,*	tambour.
Salam (salut) *ala* (sur) *ka* (toi)	*salamalè,*	salamalek (n'est guère usité).
Narandj,	*arange,*	orange.
Quitran.	*quitran.*	goudron.

Les rapports avec les autres peuples n'ont pas assez de duré pour faire accepter une quantité importante de leurs vocables ; cependant les luttes avec les nations voisines et les relations commerciales ont importé de nouveaux termes, usités dans le langage actuel ; ce sont :

1° Italien : *bandito, bandit ; fantaccini, fantassin ; gabbione, gabioun ; fanteria, enfantarié ; maccheroni, macaroni.*

2° Espagnol : *capitan, capitàni ; castañetas, castagneto ; dueña, duègno ; mantilla, mantiho ; sopa, soupo ;*

3° Anglais : *ballast, balastre ; beaf-steak, bistè ; budget, buget.*

Tableau des dialectes et sous-dialectes
de la langue d'oc

(d'après lou TRESOR DÓU FELIBRIGE)

DIALECTES :	SOUS-DIALECTES :
Provençal.	Rhodanien, marseillais, alpin, niçois.
Languedocien.	Cévenol, montpelliérain, toulousain, rouergat.
Gascon.	Armagnanais, ariégeois, agenais, quercinois.
Aquitain.	Béarnais, marensin, bordelais, bazadais.
Limousin.	Bas-limousin, haut-limousin, périgourdin, marchois.
Auvergnat.	Cantalien, limagnien, velaunien, forézien.
Dauphinois.	Briançounais, diois, valentinois, vivarais.

Modifications des voyelles et des consonnes dans les dialectes
provençal, marseillais et languedocien.

I. Noms

	FRANÇAIS	PROVENÇAL	MARSEILLAIS	CÉVENOL
e en i	Grabuge	grabuge	garbùgi	grabuge
e - u	Femme faible	femo feblo	fumo fublo	fenno fiblo
io - ie	Fiole	fiolo	fielo	fiolo
io - ue	Feu	fio	fue	fioc
iòu -uòu	Bœuf	biòu	buou	biòu
ioun- ien	Passion	passioun	passien	passiéu
o -oue	Fontaine	font	fouent	font
oun -oui	Petit	pichoun	pichoui	pichot
c - g	Chat	cat	gat	cat
gn - n	Teigne	tigno	tino	tigno
l - r	Phalène	parpaiolo	parpaioro	parpaiolo
s - v	Chose	causo	cauvo	causo.

II. Adjectifs et Pronoms

	FRANÇAIS	PROVENÇAL	MARSEILLAIS	CÉVENOL
s élimin	Heureuse	urouso	ur ouo	urouso
i en ei	Les	li	lei	lous, loui, m. las, lai, fém.
» - »	Mes	mi	mei	mous, moui, mas, fém.
	Notre, s.	noste, i	noueste	noste, s
o - oue	Notre, s fém.	nosto, i	nouesto masculin	nosto, s
e - ei	Nôtre, s.	nostre, i	nouestre féminin	nostre, s
o - a, ai	Nôtre, s. fém.	nostro, o	nouestro, s	nostro, s, oi
i-ei, a, ai	Ses, leurs	si	sei	lus, lui
	Huit	vue	vue	iué
	Dix	dès	dès	dès
g en z	Onze	vounge	vounge	vounze
	Quatorze	quatorge	quatorge	quatorze
	Quinze	quinge	quinge	quinze
	Premier	premié	premié	prumiè, ièiro
	Dixième	desen	desen	desen
	Demi, mi, moitié	mié, èjo mita	mié, èjo; mita	mié, èjo, mita
	Lesquels	leiquau	liquau	lousquales
	Lesquelles	liqualo	liqualo	lasqualos
	Chaque	cade, chasque	cade, chasque	cane, chaque
	Maints, es	mant, o	mant, o	mantuns, unes
	Mêmes	mémi	mémei	memes, os mémoi
	Quels	quénti	quéntei	quantes quintes, os, oi

Les autres adjectifs et pronoms suivent généralement la varié
de formation ci-dessus.

III. Verbes

FRANÇAIS	PROVENÇAL	MARSEILLAIS	CÉVENOL
Avoir	*avé, agué*	*avé, agué*	*avedre, aguedre*
Ayant	*avènt, aguènt*	*avènt, aguènt*	
J'avais	*aviéu*	*aviéu*	*aviéi*
J'eus	*aguère*	*aguéri*	*aguère*
J'aurais	*auriéu*	*auriéu*	*auriéi*
Aie,	*agues*	*agues*	*agues*
Que j'aie	*qu'ague*	*qu'àgui*	*qu'ague*
Qu'ils aient	*qu agon*	*qu'agon*	*qu'agou*
Que j'eusse	*qu'aguésse*	*qu'aguéssi*	*qu'aguesse*
Etre	*èstre*	*estre*	*èstre*
Eté	*esta, ado*	*esta, ado*	*esta, ado*
Je suis	*siéu*	*siéu*	*siéi, soui*
Ils ou elles sont	*soun*	*soun*	*soun, sou*
J'étais	*ère*	*èri*	*ère*
Tu étais	*éres*	*ères*	*èrcs*
Il était	*èro*	*èro*	*èro*
Nous étions	*erian*	*erian*	*sian*
Vous étiez	*erias*	*erias*	*sias*
Ils étaient	*èron*	*èron*	*èrou*
Je fus	*siguère* ou *fuguère*	*siguèri* ou *fuguèri*	*saguère* ou *seguère*
Je serai	*sarai*	*sarai*	*sarai* ou *serai*
Je serais	*sariéu*	*sariéu*	*sariéi* ou *scriéi*
Sois	*siegues*	*siegues*	*siègues*
Que je sois	*que siegue*	*que fùgui, siègui* ou *sigui*	*que siègue.*

REMARQUES. — I. Le dialecte marseillais a la contraction de *endèri* pour *rendeguèri* et de *rendèssi* pour *rendeguèssi*, tandis que la 3ᵉ personne du singulier du même verbe au présent de l'indicatif ajoute un *e* : *rènde*.

II. La 1ʳᵉ personne du singulier au présent de l'indicatif et du subjonctif change l'*e* en *i* : *àmi*, j'aime, *qu'àmi* ; *vòli*, je veux, *que vòli*.

III. Le cévenol intercale un *i* entre le *d* du radical et la voyelle de la terminaison dans les personnes suivantes du subjonctif : *que endie, rendies, rendie* ou *rendio, rendiou* ou *rendou*.

IV. Adverbes

FRANÇAIS	PROVENÇAL	MARSEILLAIS	CÉVENOL
Soudain	*subran*	*soude*	*adesaro, subran*
Alors	*alor*	—	*alabès*
Aujourd'hui	*iuei*	—	*iuèi*

FRANÇAIS	PROVENÇAL	MARSEILLAIS	CÉVENOL
Y	*ié*	*li*	*i*
Beaucoup	*forço*	*fouesso*	*foço*
Assez	*proun*	—	*entieriamen* *prou*
Premièrement	*Proumiera-* *men*	—	*prumieira-* *men, d'en* *prumié, de-* *s-en prumié*
Puis	*pièi*	—	*pièi*
Sûrement	*segur*	—	*segu*
Non	*noun*	—	*nou ou nàni*
Peut-être	*belèu*	—	*sai-que*
	tambèn	—	*també*
	autant	—	*aitant*
Mieux	*miéus*	*miés*	*mièl.*

V. Prépositions

FRANÇAIS	PROVENÇAL	MARSEILLAIS	CÉVENOL
Contre	*contro*	—	*cronto.*
Derrière	*darrié*	—	*darriés*
Avec	*emé*	—	*embé ou emb*
Hors	*foro*	—	*foro*
Par, pour	*pèr*	—	*pèr*
Parmi	*permièi*	—	*permié*
Proche	*proche*	*pròchi*	*pròchi*
Selon	*segound*	*segound*	*segound*
Sans	*sènso*	*sènso*	*zènso, sens*
Sous	*souto*	*souto*	*souto*
Vers	*vers*	*vers*	*ves, devers.*

VI. Conjonctions

FRANÇAIS	PROVENÇAL	MARSEILLAIS	CÉVENOL
Quoique	*emai*	*emai*	*amai*
Aussi bien	*tambèn*	*tambèn*	*també*
Comme	*coume*	*coumo*	*coumo.*

VII. Interjections

FRANÇAIS	PROVENÇAL	MARSEILLAIS	CÉVENOL
Malédiction	*maladiciéu !*	—	*maladiciéu !*
	cli-cla	—	*cli-cla ou cli-* *co-claco*
	cas-carasso	—	*coudis-cou-* *dasco.*

LA LANGUE D'OC

et l'alliance des Nations de race latine

Voici une étude fort intéressante due au doyen du Consistoire des Félibres :

« La Provence, empire du Soleil, terre d'amour, s'étendait jadis des Alpes au Rhône et de la Mer au lac Léman. Aujourd'hui elle ne comprend plus que six départements : Alpes, hautes, basses et maritimes, Var, Bouches-du-Rhône, Vaucluse.

Elle est arrosée par le Rhône, la Durance, le Lar, la Touloubre, l'Argens, le Var et leurs affluents.

Son territoire contient 31.412 kilomètres carrés, un peu plus que celui de la Belgique, il est à peu près égal à ceux du Danemarck, de la Hollande et de la Suisse.

Elle a environ 1.600.000 habitants — lesquels avec les dix millions de frères de la rive droite du Rhône, font à peu près 12.000.000 d'hommes qui parlent la belle et antique langue provençale. — Elle forme une population six fois plus nombreuse que celle de la Grèce, double de celle de la Bavière et de la Suède, à peu près égale à celle du Mexique et de la Hongrie.

Habitée depuis un temps immémorial par son peuple Provençal et sa race terrienne, elle a senti passer sur elle, comme un ouragan, les dominations romaine allemande et franque.

Elle fut royaume indépendant de 855 à 879 et Comté souverain de 926 à 1481.

A part quelques revers, toute son histoire peut tenir dans ces trois mots : *Travail, Paix et Chant*.

De 1481 à 1789, elle s'affilia volontairement à la France, sur la promesse solennelle du maintien de ses us et coutumes, ainsi que de sa liberté.

Mais elle a tout perdu, fors sa langue.

En 1854, les Félibres ont relevé la bannière provençale et ils la tiennent haut et ferme, entourant de splendeur la langue, le parler, l'histoire, la terre, le peuple et la nation.

Sur sa mer bleue, s'étalent charmantes les embarcations de Nice, Antibes, Saint-Raphaël, Saint-Tropez, Bandol, Cassis, Bouc, Berre, Saint-Louis; sur son rivage s'élèvent le puissant Toulon, le grand chantier de la Ciotat, et Marseille, le roi des ports commerçants de France.

Depuis de longs siècles, alors que Paris n'était encore qu'un marécage et que les Français sortaient à peine de la barbarie, la Provence a joui d'une civilisation prédestinée. d'un commerce mondial, d'industries de toute sorte. de riches productions en blé de qualité supérieure, en vins capiteux, en huile exquise, en fleurs, en fruits, en jardinage, régal du monde entier.

Les sept merveilles de Provence sont : *Les glaciers du Pelvoux, la Fontaine de Vaucluse, le Mistral, la Sainte-Baume. la chaîne du Moustier, les Saintes-Maries et le Félibrige.* »

Il faut adjoindre à ce tableau superbe, la grande influence exercée par la Provence et tout le Midi avec leur langue, fille du latin.

La suprématie qu'elle a su conquérir au moyen-âge, en répandant ses flots de poésie dans toutes s nations de race-latine ne lui confère-t-elle pas un droit incontestable à former le lien des nations associées en vue de la défense et la prospérité du monde entier ?

Pour qu'une société de nations puisse être la réalité de demain. le but de préservation ou d'intérêt ne suffit pas ; on s'exposerait à n'avoir comme dans les produits artificiels, que les apparences. sans le germe de vie ; qu'on y mette la langue. l'âme de la nation et la société internationale, vivante, prendra certainement son essor.

Puisque la langue et la littérature d'oc ont le droit d'aînesse parmi celles des nations de race latine, toutes ces nations sœurs : provençales, française, belge, latine, portugaise, espagnole, italienne et roumaine, ne sont-elles pas merveilleusement prédisposées à s'unir et pour leur défense et pour leur prospérité ?

Nulle démonstration de fait n'a la force probante des chiffres :

La Provence et la France. la Belgique et la Suisse ladine, l'Espagne et le Portugal, l'Italie et la Roumanie comptent 111 millions 300.000 habitants. L'Amérique du Sud en a quarante deux millions deux cent mille, ce qui fait un total de 153 millions sept cent mille habitants.

D'autre part, l'Allemagne et l'Autriche n'en ont que 121.800.000.

Mais les alliés du latinisme : Angleterre. Russie, Serbie, Monténégro, sans compter la Grèce ni le Japon arrivent au nombre de 166.950.000, en dehors des colonies ; tandis que le pangermanise par la Bulgarie et la Turquie, ne disposent que e 9.800.000.

Donc alliance d'abord des nations de race latine.

Oh ! combien avait raison le poète de génie,
Frédéric Mistral, dont l'hymne national *A la raço
latino*, parti des bords du Rhône, eut un écho
vibrant sur les bords du Danube, dans le chant
national de l'illustre Alexandre Basili, organisa-
teur du royaume de Roumanie ; combien il voyait
juste lorsqu'il chantait :

> *Aubouro-te raço latino*
> *Souto la capo dou soulèu !*
> *Lou rasin brun boui dins la tino,*
> *Lou vin de Diéu gisclara lèu.*

. . . .

> *Ah ! se noun ères divisado,*
> *Quau poudrié vuei te faire lèi ?,..*

. . . .

Trente ans se sont écoulés depuis que ce cri gé-
nial de patriotisme, capable d'émouvoir tant de
nations, a retenti de la Provence.

Ah ! si l'on avait entendu. Ah ! si l'on avait suivi Frédéric Mistral, le Germain ne foulerait pas
indignement, au Nord, le sol de notre France
bien-aimée !

Immortelle, assurément elle le sera en écoutant
cette voix de la sagesse et de la poésie, libératrice
des nations !

Additions et Corrections

Numéro 46, page 19, 1re ligne. ajouter ou par *s* : *espréssi*, exprès.

» 79 » 25, dernière ligne, à *t* et *d*, ajouter *p* et *q*.

» 80 » 27, supprimer, la 5e ligne *eto, la bouqueto, la petite bouche*.

» 91 » 31, au lieu de *paume* lire *paumo*.

» 123 » 39, 3ª ligne, après *co* ajouter le pronom provençal *ce*.

» 124 » 40, 3e ligne, au lieu de *côté-là* lire *côté-ci*.

» 125 » 40, 2e ligne, à *des deux genres* ajouter *et des deux nombres*.

» 127 » 41, 7e ligne, au lieu de *scissanto* lire *sicissanto*.

» 130 » 42, 7e ligne, au lieu de *que* lire *quel*.

» 150 » 58, au verbe *òufri* ajouter participe passé *òufert;* et à *sabé, saupre* ajouter participe passé, *saupu*

» 150 » 60, *estruire : estruse, estruguère, qu'estrugue, estrusènt, estrucho*.

» 157 » 68, au lieu de *Bonadi* lire *Bona-di*.

» 160 » 70, 29e ligne, au lieu de *Bono-di* lire *Bona-di*.

» 160 » 72, après la 21e ligne, lire *dòu bon*, assurément; *en-de-bon*, doux, agréable.

» 161 » 74, au lieu de *Chapitre V* lire *Chapitre VI*.

» 163 » 77, au lieu de *Chapitre VI* lire *Chapitre VII*.

» 166 » 79, 1re ligne, ajouter *à dicho que*, à mesure que.

» 182 » 87, dernière ligne, au lieu de *egregio* lire *egrègio*.

» 295 » 106, ajouter *Chapitre VIII*, et à la ligne suivante, *Emploi particulier*.

» 325 » 121, 11e ligne, au lieu de *dispose* lire *disposé*.

» 372 » 129, au lieu de *272* lire *372*.

» 376 » 129, au lieu de *a* lire *la*.

TABLE MÉTHODIQUE

...FACE   5

PREMIÈRE PARTIE. — LES MOTS   7

LEXICOLOGIE OU MORPHOLOGIE

...pts prononcés. . .   9
. . . .   »
...lations   12
...ots écrits   14
...es . . . .   »
...nes   18
...s néo-romanes . .   23
... du discours . . .   »
...ure phonique . .   24
...PITRE I - LE NOM .   26
...ces de nom . . . .   »
...e   28
...bres   32
...s de signification. .   »
...entatifs et diminu-
     33
...ion nominale . . .   »
...ITRE II. - L'ADJEC-
     34
...ctif qualificatif . .   »
...e . . . .   »
...ibre   35
...res de signification. .   36
...mentatifs et diminu-
...ifs . . . .   »
...ion adjective . . .   37
...PITRE III. - LE PRO-
...OM . . . .   »
... personnel . . .   »
...ion pronominale . .   38
...ifs et pronoms dé-
...inatifs . . . . .   »

Article défini, élidé, con-
   tracté, partitif et pronom articles   39
Adjectif et pronom dé-
   monstratifs . . . .   »
Locutions pronominales
   démonstratives. . . .   »
Adjectifs et pronoms pos-
   sessifs   40
Adjectifs et pronoms nu-
   méraux   41
Adjectifs et pronoms con-
   jonctifs. 42-43
Adjectifs et pronoms indéfinis   44

CHAPITRE IV.- LE VERBE   45

Verbe avoir, *avé*. . . .   »
   »   être, *èstre*. . . .   47
   »   aimer, *ama* . . .   49
   »   finir, *fini*   51
   »   rendre, *rèndre*. .   53
Conjugaison unique. . .   55
Voix . . . .   »
Verbe réciproque. . . .   57
   »   unipersonnel. . .   »
Conjugaison interrogative
   et négative . . . .   »
Verbes irréguliers . .   58
Formation particulière de
   quelques verbes . . .   62
Locution verbale. . . .   63

CHAPITRE V. - L'ADVER-
BE 64
Adverbes de lieu . . . . »
　　　»　　　» temps . . . 65
　　　»　　　» quantité . 66
　　　»　　　» manière . . »
　　　»　　d'ordro, de rang 67
　　　»　　d'affirmation. . »
　　　»　　de doute . , . »
　　　»　　» négation . . »
　　　»　　» restriction . »
　　　»　　d'addition et de
　　　　　　ressemblance. »
　　　»　　d'union . . . 68
　　　»　　de différenc . . »
　　　»　　de comparaison »
　　　»　　d'extension . . »
　　　»　　de cause . . . »
　　　»　　d'opposition. . »
　　　»　　d'exclusion . . »
Degrés de signification . »
Formation particulière. , 69
Locutions adverbiales . . »

CHAPITRE VI. - LA PRÉ-
POSITION . . . .
Locutions prépositives. .
CHAPITRE VII. - LA CON-
JONCTION 7
Conjonctions de coordina-
tion : causales, addition-
nelles 7
illatives, alternatives, ad-
versatives et restrictives 7
Conjonctions de subordi-
nation . . . . . .
Locutions conjonctives .
Conjonction : concessive,
exclusive . . . . .
énonciative, indicative du
but 7
Autres locutions conjonc-
tives. . . . . . .
CHAPITRE VIII.- L'INTER-
JECTION . , . . . 8
Principales interjections .
Locutions interjectives. . 81

DEUXIÈME PARTIE. — LA PROPOSITION 8

SYNTAXE D'ACCORD DE COMPLÉMENT, ETC.

CHAPITRE 1er. - LE NOM. 85
Nombre, complément, em-
ploi particulier et fonc-
tion . . . . »
CHAPITRE II. - L'ADJEC-
TIF QUALIFICATIF. . 86
Accord, complément et
emploi particulier. . . »
Fonction et place. . . . 88
CHAPITRE III. - LE PRO-
NOM PERSONNEL . . »
Emploi particulier, place,
fonction et pléonasme . »
Adjectifs et pronoms dé-
terminatifs 90
Adjectif article, accord,
et emploi particulier. . 91
Pronom, article, place. . »
Pronom démonstratif, em-
ploi particulier. . . . 92
Adjectif. et pronom pos-
sessif, emploi particulier »

Adjectif et pronom con-
jonctif, emploi particu-
lier 93
Pronom indéfini, emploi
particulier . . . . .
CHAPITRE IV. - LE VERBE. 94
Accord . . . .
Complément, place for-
mation particulière et
emploi des auxiliaires . 95
Accord 96
Participe passé
CHAPITRE V.- L'ADVERBE
emploi particulier. . . 97
Locutions adverbiales . . 99
CHAPITRE VI. - LA PRÉ-
POSITION, emploi par-
ticulier. 100
CHAPITRE VII. - LA CON-
JONCTION, emploi par-
ticulier. . . . . . .
Locutions interjectives.

TROISIÈME PARTIE. — LA PHRASE   107

SYNTAXE DE LA CONSTRUCTION DES PROPOSITIONS

CHAPITRE I. - CONSTRUCTION DE LA PROPOSITION
SIMPLE 109
Ordre direct, ordre indirect et inversion . . . . . .
Ellipse, partie explétive et répétition 110
CHAPITRE II. - CONSTRUCTION DE LA PHRASE COMPO-
SÉE DE PROPOSITIONS 111
Phrases coordonnées et phrases subordonnées . . . . »
L'inversion et modèle de construction de la phrase. . 113
Formules introductives des récits familiers 114
CHAPITRE III. - SUPPLEMENTS. . . . . »
    A. L'analyse. . . . . »
    B. Le discours 115
APPENDICES 116

I. - ONOMATOPÉES

. . . . »
. . . . 117

II. - ANALYSE

Analyse des lettres . . . . »
Analyse des mots . . . . »
1o Mots variables . . . . »
2o Mots invariables 181
Analyse de la proposition . . . . »
Analyse abrégée de la proposition . . . . »
Analyse de la phrase 119
    I. Analyse des phrases coordonnées . . . . »
   II. Analyse des phrases subordonnées 120
  III. Analyse écrite . . . . »

III. - PROVENÇALISMES

Nom 121
Adjectif . . . . »
Verbe 122
Mots invariables 123

IV. - ORTHOGRAPHE USUELLE   124

Voyelles . . . . »
Consonnes 125

V. — LES ACCENTS ORTHOGRAPHIQUES 1

L'apostrophe 1
Aperçu historique de la langue provençale 1
Tableau des dialectes et sous-dialectes de la langue d'oc . . . 1
Modifications dans les dialectes provençal, marseillais et
    languedocien 1
        i. Noms . . . .
        ii. Adjectifs et pronoms . . . .
        iii. Verbes 1
        iv. Adverbes . . . .
        v. Prépositions 14
        vi. Conjonctions . . . .
        vii. Interjections . . . .
La langue d'oc et l'alliance des nations de race latine . . . 14

Imprimerie MACABET Frères

VILLEDIEU (Vaucluse)

MÉTHODE

DES

Versions Provençales-Françaises

COURS PRÉPARATOIRE & ÉLÉMENTAIRE

Illustrations de Valère Bernard

Livre de l'élève (texte provençal seul). Un beau volume
in-8° couronne de 156 pages Cartonné............ 1 fr.
Livre du maître (texte provençal et français). Un beau
volume in-8° couronne de 288 pages. Broché....... 2 »»

« J'ai admiré la masse de faits et d'observations, de maximes et d'exemples qui sont contenues dans ce petit volume et tout cela est présenté sous une forme attrayante raisonnée et facile à suivre, en un mot très pratique.

Que de proverbes qui sont le code de la sagesse populaire, et qu'on y a recueillis avec profusion !

C'est un riche écrin de superbes documents.

Et les petites poésies ! Quelle fraîcheur ! quel parfum ! quelle friandise ! Le récit final du maître, Frédéric Mistral, est un petit chef-d'œuvre qui n'a rien de comparable dans aucune littérature.»

L. MOUTIER.

COURS SUPÉRIEUR

ANTHOLOGIE DES POÈTES (épuisé)

ANTHOLOGIE DES PROSATEURS (2e édit.)

Illustrations de Valère Bernard

Livre de l'élève (texte provençal seul). Un beau volume
in-8° couronne de 228 pages. Cartonné 1 50
Livre du maître (texte provençal et français). Un beau
volume in-8° couronne de 460 pages. Broché (épuisé)

Ah ! si, lorsque nous étions jeunes, on nous avait donné de pareils livres nous nous y serions jetés comme les dindons sur les mûres.

FRÉDÉRIC MISTRAL.

Le livre de Savinian m'a paru très agréable. Il a cueilli la fleur de la littérature félibréenne ; tout ce qu'il nous en donne est charmant.

GASTON BOISSIER,
Secrétaire perpétuel de l'Académie.

COURS COMPLÉMENTAIRE

LA LIONIDE (Poème d'éducation)

Préface de Frédéric Mistral
Lettre de Maurice Barrès, de l'Académie Française
Illustrations de Valère Bernard

Livre de l'élève (texte provençal seul). Un très beau
volume in-8° coquille de 290 pages. Cartonné...... 2 25
Livre du maître (texte provençal et français). Un très
beau volume in-8° coquille de 540 pages, Broché.... 4 50

La Lionide, qualifiée par Frédéric Mistral, de magistral poème, produira, d'après Maurice Barrès. un triple bénéfice : la connaissance plus déliée de la langue maternelle, un meilleur enseignement du français et le goût de la poésie.

En préparation : **FIRMIN & TESTODOR (Récit d'éducation)**

9 782329 775692